장영실 아저씨네 발명 만물상

교과연계	
4-1 국어 ㉮	9. 생각을 나누어요
5-1 국어 ㉮	1. 인물의 말과 행동
5-2 과학	1. 날씨와 우리 생활
6-2 과학	3. 계절의 변화

장영실 아저씨네
발명 만물상

김하은 글 | 소윤경 그림 | 이경선 감수

주니어김영사

작가의 말

행복한 발명 만물상으로
놀러 오세요!

장영실은 조선 세종 때 활동하던 과학자예요. 장영실이 지금 우리 곁에 있다면 무엇을 하고 있었을까요? 정밀한 시계를 만들어서 사람들에게 그 혜택을 나누었던 과학자라면, 지금도 다른 사람들에게 필요한 기술을 발명하고 있겠지요? 그래서 저는 낙후된 지역이나 소외된 계층을 배려하며 만든 기술이자 착한 기술로 불리는 적정 기술을 들여다보았어요.

적정 기술은 사람들의 삶을 윤택하게 만들어 주지만 기술을 사용하는 데 돈이 많이 들지 않아요. 적은 돈으로 더 많은 사람들이 행복하게 살 수 있도록 만드는 마법 같은 기술이에요. 이런 기술을 계발하기 위해서는 사람들을 사랑하는 마음이 바탕에 깔려야 해요.

지구를 한 마을로 본다면 전기가 없거나 물이 부족한 곳에 사는 먼 나라의 사람들도 우리의 이웃이에요. 적정 기술은 이웃의 문제점을 바라보고 해결하면서, 이웃과 우리가 손을 잡고 발맞추어 나갈 수 있도록 도와 주는 기술이기도 하지요.

장영실 아저씨가 오늘날 우리 곁에 있다면 이러한 적정 기술로 필요한 물건들을 만들어

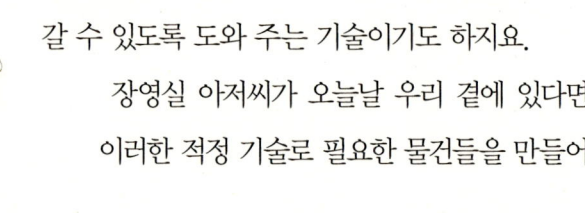

　어려운 사람들에게 나눠 주지 않을까요? 그래서 저는 모두에게 언제나 열려 있는 '장영실 아저씨네 발명 만물상'을 동화 속에서 만들고, 적정 기술을 연구하고 우리 주위에 필요한 물건을 만드는 동네 아저씨를 진샘이와 경진이와 보영이의 멘토로 등장시켰어요.
　여러분도 '장영실 아저씨네 발명 만물상'에 놀러 오고 싶다고요?
　다른 사람과 함께 살아가려는 마음을 가졌다면 누구나 와서 장영실 아저씨의 특별한 수업을 들을 수 있답니다!

2016년 1월 김하은

차례

휴대폰 방울
• 보이지 않는 것을 찾아라 • 8

납작한 고리들
• 별것 아닌 물건에서 대단한 것을 찾다 • 28

햇빛이 쏟아지는 날
• 디자인과 기술은 뗄 수 없는 관계다 • 48

비와 함께
• 많은 사람들이 쓸 수 있어야 한다 • 66

이상한 글자
• 지혜를 다른 사람과 나누다 • 82

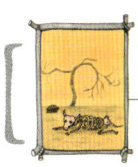
자동 물시계
• 마음이 담긴 기술과 디자인을 이용하다 • 94

친구들과 함께
• 무엇이 부족한지 관찰하다 • 114

조선의 발명왕 장영실은 어떤 사람일까? 126
독후활동지 134

휴대폰 방울
•보이지 않는 것을 찾아라•

진샘이는 콧노래를 부르며 발걸음을 옮겼다. 앞머리가 없는 긴 머리카락, 동그랗고 까만 뿔테 안경, 외모는 전과 다르지 않았지만 자신감이 넘쳤다. 유명 디자이너인 맨드래니가 만든 한정판 티셔츠를 입었기 때문이었다. 티셔츠 한 장 값 치고는 비쌌지만 후회하지 않았다. 특별한 디자인에 그 정도는 투자해야 한다고 생각했다.

티셔츠는 검은색이었다. 앞면에는 갈색 줄무늬가 있는 하얀 고양이의 앞모습이, 뒷면에는 고양이의 뒷모습이 있었다. 고양이의 둘레에는 주황색 맨드라미가 피어 있었다. 맨드라미를 주황색으로 칠하는 것이 맨드래니 디자인의 특징이었다. 맨드래니가 디자인한 것 중에서 고양이와 맨드라미가 한꺼번에 그려진 상품은 이 티셔츠가 처음이었다. 다른 옷이나 가방에는 고양이만, 혹은 맨드라미만 있었다.

"예쁜 학생, 옆으로 조금만 비켜 줄래요?"

한껏 폼을 잡고 걷는 진샘이에게 누군가 말을 걸었다.

진샘이는 고개를 돌렸다. 진샘이와 바투 붙어서 자전거 한 대가 서 있었다. 그 자전거는 바퀴가 뒤에 두 개, 앞에 한 개가 달린 세발자전거였고, 안장 뒤쪽에 넓은 짐칸이 있었다. 짐칸에는 커다란

플라스틱 바구니가 있고, 바구니에 걸린 고리마다 노랑, 파랑, 빨강 등 색색깔의 커다란 가방들이 주렁주렁 달려 있었다.

 진샘이가 옆으로 살짝 길을 비켜 주었다. 자전거에 탄 아저씨는 키가 크고 어깨가 떡 벌어졌으며 주머니가 거추장스럽게 달린 조끼를 입고 있었다. 주머니마다 무언가 꽉 채워져 불룩하게 튀어나와 있었다. 플라스틱 바구니에는 '장영실 아저씨네 발명 만물상'이라는 스티커가 붙어 있었다.

 "착한 기술, 착한 디자인? 디자인이 착하다고?"

 진샘이는 피식 웃었다.

 아저씨는 자전거를 세우고 길가에 있던 고물 선풍기를 보물처럼 조심히 들어 바구니에 담고는 두 손을 탈탈 털었다. 진샘이는 새

옷에 먼지가 묻을까 봐 까치발을 하고 그 옆을 벗어났다.

진샘이가 교실로 들어설 때 아무도 진샘이에게 옷이 특별하다는 이야기를 하지 않았다. 진샘이는 초조하게 손톱을 물어뜯으며 경진이를 기다렸다. 다른 사람은 몰라도 송경진만은 맨드래니의 디자인을 알아볼 거라고 믿었다. 경진이도 평소에 진샘이처럼 새로 나온 디자인 제품을 즐겨 사기 때문이다. 그중에서도 경진이는 알싸 디자이너를 좋아했다.

"대박, 대박, 대박!"

경진이가 큰 소리로 말하며 요란하게 등장했다. 그리고 진샘이의 자리로 성큼성큼 걸어왔다. 진샘이는 가슴을 쫙 펴고 고양이와 맨드라미가 잘 보이게 티셔츠를 잡아당겼다. 하지만 경진이는 티셔츠를 본체만체했다.

경진이는 특이한 안경을 쓰고 있었다. 안경알이 없고 오른쪽 안경테에 네모나고 투명한 플라스틱 막대가 달려 있었다. 안경다리도 두툼했다.

"이것 봐!"

경진이가 목소리를 높이며 자기가 쓴 안경을 가리켰다.

"안경 새로 맞췄어?"

진샘이가 퉁명스럽게 쏘아붙였다.

"뭐, 안경? 야, 황진샘! 이건 단순한 안경이 아니라고!"

"그럼 뭔데?"

진샘이는 고개를 갸우뚱거렸다.

"진짜 이게 뭔지 몰라?"

경진이가 목소리를 한 옥타브 더 높였다. 경진이의 흥분한 목소리에 진샘이는 머쓱해졌다. 도대체 그 안경의 어디가 대박이라는 건지 알 수 없었다.

그때 안경에 달린 투명한 플라스틱 막대가 반짝였다.

"메일 왔송!"

경진이는 안경을 매만지며 말했다. 진샘이는 왜 안경으로 메일이 오는지 궁금했다. 그러다 눈을 휘둥그레 떴다.

"너, 이거 스마트 안경이야?"

"응. 이제 알았어? 이거 알싸가 디자인한 거야! 잘 봐. 이걸 쓰면 메일도 확인할 수 있고 전화도 걸 수 있어. 문자 메시지도 바로 확인할 수 있다니까. 또 이건 말이지……."

경진이는 안경다리를 누르며 설명을 이었다. 경진이가 손짓을 할 때마다 안경에서 불빛이 반짝였다.

"우아, 스마트 안경이다! 이거 엄청 비싼데!"

이승욱이 경진이에게 얼굴을 바짝 갖다 댔다. 경진이는 손으로

브이를 그리며 으스댔다. 이승욱까지 가해서 호들갑을 떨자 금세 성신이의 주위로 반 아이들이 모여들었다.

"어때, 근사하지? 그저께 아빠를 졸라서 산 거야."

진샘이는 잔뜩 골이 난 얼굴로 그 자리를 벗어났다. 맨드래니가 만든 티셔츠를 자랑하고 싶었는데, 아이들의 관심은 온통 경진이의 스마트 안경에 쏠려 있었다. 진샘이가 입술을 씰룩이며 뒷자리를 서성이는데 늦게 교실로 들어온 강보영이 말을 걸었다.

"와, 황진샘! 티셔츠 죽인다."

보영이의 목소리는 작고 낮았다. 진샘이 말고는 아무도 그 말을 듣지 못했다.

보영이는 목이 늘어진 티셔츠를 아무렇지 않게 입고 다니고 티셔츠에 김치 국물이 묻어도 신경 쓰지 않는 아이다. 진샘이는 후줄근한 차림으로 다니는 보영이를 별로 좋아하지 않았다. 그러나 오늘 입은 티셔츠를 알아봐 준 건 보영이뿐이었다.

"고마워. 맨드래니 디자이너가 만든 티셔츠야. 전 세계에 200장밖에 없는 한정품이야."

"그렇구나. 내가 입은 옷은 내가 디자인한 거야!"

보영이는 티셔츠 앞자락을 판판하게 잡아당겼다. 며칠 전에도 입었던 옷인데, 못 보던 강아지가 왼쪽 가슴에 그려져 있었다.

"네가 디자인했다고?"

"원래는 여기에 김치 국물이 묻어 있었거든."

강아지 그림은 보영이의 낡은 티셔츠에 묻어 있던 김치 국물을 교묘하게 가렸다. 귀가 쫑긋 솟은 강아지가 어쩐지 웃고 있는 보영이와 닮아 보였다.

"뭐, 멋지네!"

진샘이는 대수롭지 않다는 듯이 대충 대답했다.

수업이 시작되자 경진이는 선생님에게도 스마트 안경을 자랑했다. 선생님은 흘깃 경진이를 쳐다보고는 말했다.

"수업 시간에는 벗고 있도록!"

그게 다였다.

경진이는 책상 서랍에 스마트 안경을 넣어 두고 수업 시간 내내 몰래 서랍 속에 손을 넣어 스마트 안경을 만지작거렸다. 질리지도 않은지 쉬는 시간이 되면 또 아이들을 모아서 자랑을 늘어놓았다.

"이걸 디자인한 알싸는 정말 대단하지 않니? 역시 비싼 건 비싼 값을 한다니까!"

"그래 봤자 안경이잖아."

보영이가 지나가며 중얼거렸다.

그 말에 경진이가 발끈했다.

"그래 봤자 안경? 진샘이랑 작정하고 내 스마트 안경을 깔보는 거야?"

진샘이는 눈을 동그랗게 떴다.

"내가 언제 네 안경을 깔봤어?"

"이것 봐, 이것 봐! 또 그렇게 말하네? 이건 그냥 안경이 아니고 스마트 안경이래도!"

"그게 뭐가 어쨌다는 건데?"

진샘이는 날카롭게 쏘아붙였다.

지금껏 진샘이는 경진이가 하는 말에 반대한 적이 없었다. 경진이는 한정판 제품과 고급 디자인 제품에 열광하는, 이 반에서 유일하게 말이 통하는 친구라고 생각했기 때문이다. 하지만 오늘은 달랐다. 새 물건으로 자기보다 관심을 더 받는 모습이 얄미웠다.

"넌 이 스마트 안경이 대단하다는 걸 몰랐잖아. 어떻게 네가 그럴 수 있어?"

경진이는 실망이 가득한 목소리로 진샘이에게 말했다. 그러고는 고개를 휙 돌려 버렸다. 진샘이의 얼굴이 곧 붉으락푸르락하게 변했다.

"그 안경, 어떻게 작동하는 거야?"

보영이가 묻자 경진이는 어이없다는 얼굴로 비웃었다.

"푸하하! 당연히 충전해서 쓰지. 너는 스마트폰도 안 써 봤어?"

"응. 난 안 쓰는데."

보영이는 기죽지 않고 당당하게 대답했다. 경진이보다 진샘이가 더 놀라서 보영이를 쳐다보았다.

"스마트폰을 안 쓴다고?"

"그래. 난 그게 왜 필요한지 모르겠어. 난 지금 쓰는 휴대 전화기로도 충분해. 그리고 그렇게 비싼 제품이라고 다 좋은 물건은 아니랬어."

"누가 그래?"

경진이가 발끈하며 보영이를 노려보았다.

"우리 동네 장영실 아저씨가."

보영이가 천연덕스럽게 대답했다.

"장영실은 조선 시대 과학자잖아."

과학자가 꿈인 이승욱이 다가와서 아는 척을 했다.

"우리 동네 장영실 아저씨도 과학자야. 아저씨는 버려진 물건들을 멋진 물건으로 바꿔 놓는 사람이야."

보영이의 말에 승욱이가 토를 달았다.

"혹시 그 아저씨, 세발자전거 타고 다니는 괴짜 아저씨 아니니? 주머니 많이 달린 조끼 입고 자전거 짐칸에 가방을 주렁주렁 달고 다니는. 맞지? 그렇지?"

승욱이가 말을 끝내기 전부터 친구들이 피식피식 웃었다. 경진이는 대놓고 깔깔 웃으며 말했다.

"아하! 난 또 누군가 했네. 혹시 고물상 아저씨 말하는 거야?"

"고물상 아니야. 만물상이라니까!"

보영이가 평소답지 않게 발끈했다. 보영이는 늘 있는 듯 없는 듯 다니는 조용한 아이였는데……. 진샘이는 보영이를 물끄러미 보았다. 보영이는 아침부터 평소와 달랐다. 티셔츠를 가장 먼저 알아보며 진샘이를 칭찬했고, 다른 아이들처럼 스마트 안경을 보고도 호들갑을 떨지 않았다. 무엇보다 놀랐던 것은 '패션 테러리스트'라 불리던 보영이가 자기 옷을 직접 고쳐 입고 온 것이었다. 진샘이는 보영이가 어떤 아이인지 처음으로 궁금했다.

수업을 마치자마자 경진이는 스마트 안경을 궁금해하는 친구들을 몰고 교실을 나갔다. 진샘이는 보영이를 뒤따랐다. 보영이는 운동장을 걷다가 멈춰서 나무를 물끄러미 바라보거나 작은 들꽃들을 한참 관찰했다. 이따금 고개를 들어 하늘을 보았다.

"오늘은 하늘이 참 예쁘네. 멋진 디자인이야."

진샘이도 보영이를 따라 하늘을 보았다. 진샘이에게 하늘은 해와 달, 구름이 떠 있는 먼 곳일 뿐이었다. 특별히 예쁘지도 멋지지도 않았다.

"보영아, 그게 무슨 말이야?"

진샘이가 다가오자 보영이가 움찔하며 한 발짝 뒤로 물러났다.

"무, 무슨 말?"

"하늘에 무슨 디자인이 있어?"

"아, 지금은 해와 구름밖에 보이지 않지만 그 너머에 별도 있고 달도 있거든. 숨은 그림 찾기 같지 않아? **디자인은 보이는 것뿐만 아니라 보이지 않는 것까지 생각해야 한대.** 장영실 아저씨가 그랬어……. 멋진 말이지?"

진샘이는 걸음을 멈췄다. 자신은 한 번도 해 보지 못한 생각이었다. 진샘이에게 좋은 디자인이란, 가장 눈에 띄고 착용했을 때 자신감을 높여 주는 것이었다.

"맞다. 진샘아! 너도 디자이너가 꿈이랬지?"

"응. 나는 패션 디자이너가 꿈이야. 너도?"

"나는 실용적인 제품을 만드는 디자이너가 되고 싶어."

"네가?"

진샘이는 화들짝 놀랐다. 그러고는 보영이의 옷차림을 위아래로 훑어보았다.

"장영실 아저씨가 나는 훌륭한 제품 디자이너가 될 수 있댔어."

보영이가 말했다.

도대체 장영실 아저씨가 누구이기에 보영이는 온종일 그 아저씨 이름을 들먹이는 걸까? 장영실 아저씨가 무슨 말을 해 줬기에 보영이는 경진이 앞에서도 기죽지 않았던 걸까?

"그 아저씨, 나도 만날 수 있어?"

"당연하지! 아저씨도 좋아하실 거야!"

진샘이는 장영실 아저씨라는 사람을 만나면 따지고 싶었다. 어디를 봐서 보영이가 디자이너가 될 것 같냐고 말이다. 그러면서도 마음 한구석에 다른 호기심이 몽글몽글 일었다. 보영이가 직접 그렸다는 강아지 그림에 묘하게 마음이 끌렸고, 그 그림이 낡은 옷을 반짝이게 보이도록 만들었다는 것은 인정할 수밖에 없었다.

보영이가 향하는 곳은 진샘이의 집과 반대 방향이었다. 꼬불꼬불한 골목길을 지나 야트막한 언덕길을 올라가자 진샘이가 사는

아파트 단지와는 전혀 다른 동네가 펼쳐졌다. 아파트처럼 높은 건물 대신 2층이나 단층집들이 다닥다닥 붙어 있는 그 동네 이름은 '햇빛 마을'이었다.

낮은 집들을 지나 막다른 빈터에 도착하자 낡은 한옥이 한 채 나타났다. 한옥 옆에는 컨테이너로 만든 창고가 붙어 있었다. 마당에는 알록달록한 가방이 달린 세발자전거가 세워져 있었다. 그리고 처음 보는 물건들이 많았다.

"장영실 아저씨!"

보영이가 큰 소리로 불렀다. 컨테이너가 열리면서 진샘이가 아침에 마주친 아저씨가 모습을 드러냈다.

"우리 디자이너 보영이 왔구나. 어라, 이 학생은 어디에서 봤더라? 안녕?"

진샘이는 자존심이 상했다. 진짜 디자이너인 자기를 몰라보고 보영이에게 디자이너라고 부르는 것이 못마땅했다. 진샘이는 아저씨와 눈이 마주치자마자 뒤돌아서서 뛰었다. 한참을 뛰다가 멈춰서 주머니를 더듬었다.

"어? 내 스마트폰!"

스마트폰이 들어 있던 주머니는 납작했다. 진샘이는 울상을 지으며 가방을 뒤적였다. 앞주머니와 가방 안쪽까지 다 뒤졌지만 스마트폰은 보이지 않았다.

띠링 띠링, 멀리서 자전거 경적 소리가 났다. 세발자전거가 진샘이 옆에서 멈춰 섰다.

"이거 빠뜨렸지?"

장영실 아저씨가 내민 손바닥에는 진샘이의 스마트폰이 놓여 있었다. 진샘이는 스마트폰을 얼른 집었다.

"이게 뭐예요?"

스마트폰에 못 보던 방울이 달려 있었다.

"분실 방지 장치란다. 다음에 또 보자."

장영실 아저씨는 자전거를 몰고 반대 방향으로 사라졌다.

진샘이는 아저씨가 달아 준 방울을 자세히 보았다. 방울 표면에 독특한 무늬가 새겨져 있었다. 하지만 진샘이의 시선을 잡은 것은 방울이 달려 있는 줄이었다. 검은색, 주황색, 흰색, 갈색이 번갈아 교차된 줄은 물감에서 막 짜낸 색처럼 선명했다. 죽죽 늘어났다가 다시 제자리로 돌아오는 탄성도 가지고 있었다.

"뭐야, 이 줄?"

진샘이는 장영실 아저씨 뒷모습을 오랫동안 바라보았다.

납작한 고리들
• 별것 아닌 물건에서 대단한 것을 찾다 •

경진이는 선생님을 향해 씩씩거리며 콧바람을 내뿜었다. 선생님도 고집을 꺾지 않았다.

"송경진! 분명히 수업 시간에는 안 된다고 말했을 텐데? 다른 친구들도 수업 시간에는 휴대 전화기를 꺼 놓는 거 몰라? 너는 그 괴상한 안경을 쓰고 있느라 수업에 전혀 집중하지 않잖아!"

"스마트 안경으로 수업 내용을 검색한 것뿐이라고요."

"검색을 왜 지금 하느냐는 말이다! 적어 두었다가 집에 가서 찾아봐."

"싫어요! 그럴 거면 스마트 안경이 왜 필요해요? 궁금한 걸 바로 찾아보라고 있는 거잖아요."

경진이는 꼬리를 내리지 않고 선생님에게 대꾸했다.

"어쨌든 내 수업 때 그런 건 쓸 수 없다! 그리고 네 안경에서 번쩍번쩍 나오는 빛 때문에 수업하는 데 방해가 되는구나. 그 안경을 벗든지 아니면 스마트 기능을 끄도록!"

경진이는 입술을 비쭉 내밀고는 안경테에 붙은 전원 단추를 눌렀다. 그리고 일부러 소리가 나도록 연필을 꾹꾹 눌러 칠판에 있는 내용을 필기했다. 자세를 고쳐 앉는 척하며 여러 번 의자로 바닥을 긁어 대기도 했다. 선생님이 질문할 때면 못들은 척하며 책을 열심히 보았다. 쉬는 시간이 되자 경진이는 그제야 꾹 다물었던 입을 열었다.

"우리 담임, 진짜 왕짜증이지 않냐? 안 그래, 진샘아?"

진샘이는 고개를 끄덕였다.

"속상하겠지만 네가 참아. 우리 담임이 원래 좀 깐깐하게 굴잖아. 참, 내가 디자인한 스마트 안경 좀 봐 줄래?"

진샘이는 어젯밤 늦게까지 수첩에 그린 스마트 안경들을 경진이에게 보여 주었다.

"우아, 보석으로 한 장식이 멋져!"

진샘이가 그린 스마트 안경테에는 죄다 알록달록한 보석이 달려

있었다. 진샘이의 어깨가 으쓱 올라갔다.

"응. 이건 다이아몬드, 이건 루비, 파란 건 사파이어. 아, 이건 오팔이야."

"무지무지 비싸겠지만 엄청 갖고 싶다."

경진이는 눈을 지그시 감으며 말했다.

"그렇게 비싼 걸 누가 사?"

보영이가 수첩을 보더니 피식 웃었다.

"누가 사긴. 돈 있는 사람들은 다 사고 싶어 하지."

진샘이는 비아냥거리듯 대답했다. 경진이는 진샘이의 말에 크게 고개를 끄덕였다.

"비싼 물건이라고 디자인이 훌륭한 건 아니야."

보영이는 고개를 좌우로 내저으며 말했다.

진샘이는 보영이 말을 그냥 지나칠 수 없었다. 지금까지 진샘이는 비싸고 아무나 가질 수 없는 물건을 만드는 사람이 좋은 디자이너라고 생각했다. 시장에서 파는 물건보다 디자이너가 만든 물건이 더 비싼 이유는 디자인을 하느라 쏟은 노력에 대한 정당한 대가라고 여겼다.

"강보영, 비싼 건 좋은 디자인이 아니라고? 그건 또 무슨 개 풀 뜯어먹는 소리야?"

따져 묻는 진샘이에게 보영이가 대답했다.

"비싼 물건은 돈이 많은 사람들만 살 수 있잖아. 나는 착한 디자인이 좋은 디자인이라고 생각해."

경진이가 너털웃음을 터뜨렸다.

"착한 디자인? 푸하하, 디자인에 착하고 못된 게 어딨어?"

보영이는 작지만 단호하게 말했다.

"응, 착한 디자인. 그런 게 있어."

진샘이는 머리가 아팠다. 진샘이가 되고 싶은 디자이너는 돈을 많이 벌고 유명한 사람이었다. 그러려면 당연히 디자인한 물건의 값이 엄청 비싸야 한다고 생각했다. 그런데 보영이는 진샘이가 추구하는 디자인이 좋지 않다고 말했다.

"착한 디자인이 뭔데?"

진샘이가 보영이에게 물었다.

"화려하진 않지만 편리하고 따뜻한 기술이 들어간 디자인."

"그게 도대체 뭔데?"

"그런 게 있어."

보영이가 새침하게 말했다.

"야, 말을 하려면 끝까지 해라. 말로만 그런 게 있다고 하지 말고 직접 보여 주든가!"

진샘이는 보영이가 하는 말이 무슨 뜻인지 진심으로 궁금했다.

점심시간에 진샘이는 스마트폰을 켜려고 가방에서 꺼냈다. 그러자 스마트폰에 달린 방울 소리가 경쾌하게 울렸다.

"이게 무슨 소리야? 벨 소리 바꿨어?"

경진이가 귀를 쫑긋 세웠다.

"아니야."

진샘이는 방울 소리가 최대한 나지 않도록 조심했다. 하지만 콩만 한 방울이 제법 야무지게 소리를 냈다. 진샘이의 짝꿍인 승욱이가 방울을 뚫어지게 보았다.

"방울 무늬가 참 특이하네."

"무늬?"

"응. 이건 해, 요건 달, 또 이건 꼭 북두칠성 같아."

"같은 동그라미인데 왜 하나는 달이고 하나는 해야?"

진샘이의 물음에 승욱이가 잠시 이맛살을 찌푸렸다.

"조선 시대에 해와 달을 그린 병풍을 임금님 뒤에 두었는데, 거기에 그려진 해와 달이 이렇게 생겼어. 똑같이 동그란데 하나는 달이고 붉은 건 해였거든. 그런데 이거 어디서 났어? 이 줄도 참 특이하다. 여러 줄을 꼬아 만든 것 같은데 한 줄이고, 늘어났다가 다시 줄어들고……."

"이 줄, 장영실 아저씨가 줬어."

"장영실? 보영이가 말한 그 만물상 아저씨?"

"응, 맞아. 근데 내가 보기엔 그냥 잡동사니를 수집하는 사람 같던데."

"그 아저씨 어디에 사는지 알아? 나도 이런 줄 달라고 하고 싶어."

"어, 어, 그래? 내가 물어봐 줄게."

진샘이도 한 줄처럼 보이지만 여러 줄을 꼬아 만든 비밀이 무엇인지 궁금했다. 하지만 그보다 더 궁금한 것은 디자인에 대한 아저씨의 생각이었다. 지금까지 진샘이가 최고라고 생각했던 디자인이 왜 좋은 것이 아닌지 묻고 싶었다.

진샘이는 처음으로 미술 학원에서 보내는 시간이 지루했다. 그동안은 스케치를 하고 그 위에 색을 입히고 있으면 마음속의 불안이 사라지고 자신감이 생기곤 했다. 특히 아직 세상에 나오지 않은 제품들을 그리고 색칠할 때에는 더 그랬다. 그런데 오늘은 자꾸만 손길이 머뭇거렸다. 자신이 만들려고 하는 물건들이 착한지 아닌지, 진짜 좋은 디자인이란 무엇인지 하는 고민이 머릿속을 떠나지 않았다. 진샘이는 학원을 나와서 햇빛 마을로 갔다. 좋은 디자인이 무엇인지 장영실 아저씨한테 직접 물어보고 올 생각이었다.

다시 찾아간 발명 만물상 마당에는 어제 아침에 장영실 아저씨가 주운 고물 선풍기가 분해되어 흩어져 있었다. 장영실 아저씨는 컨테이너 옆에서 아치 모양으로 구부러진 단단한 지지대에 납작하고 둥그런 고리들을 연결하고 있었다. 아저씨는 고리를 하나씩 연결할 때마다 심각한 표정으로 수첩에 표시를 하고 계산기를 두드렸다. 가끔 나침반을 꺼내 방향을 확인하기도 했다.

"아저씨, 이건 뭐예요?"

진샘이가 말을 걸자 장영실 아저씨는 화들짝 놀라며 고개를 돌렸다.

"지난번에 본 보영이 친구구나. 보영이 여기 없는데."

"보영이 보러 온 거 아니에요. 아저씨 보러 왔어요. 그런데 그건 뭐예요?"

"아, 간의야."

"간이오? 저 괴상하게 생긴 물건이 우리 몸의 간이라고요?"

장영실 아저씨가 빙그레 웃었다.

"간이 아니고 간의. 각도기와 비슷한 물건이야."

"세상에, 무슨 각도기가 이렇게 커요?"

"하늘에 숨겨진 비밀을 캐는 각도기라 크단다."

진샘이는 간의 옆에 바짝 다가섰다. 이것으로 어떻게 하늘에 숨겨진 비밀을 캔다는 것인지 궁금했다. 각도기라기보다 놀이기구 같았다.

"간의는 혼천의를 단순하게 만든 물건이란다."

"혼이 천…… 뭐라고요? 혼이 빠지는 물건인가요?"

"녀석, 참 엉뚱하구나. 네 이름이 황진샘이지? 보영이가 널 독특한 친구라고 말한 이유를 알 것 같다."

장영실 아저씨는 진샘이를 간의 옆에 놓인 기구로 데려갔다.

"자, 여기 쓰여 있는 글자들이 보이니? 이건 천체가 움직이는 것과 그 위치를 측정하는 기계, 혼천의야. 이 가운데 있는 것이 지구고 바깥에 있는 테두리가 우주란다."

"천체라면 별을 말하는 것이지요?"

"천체는 단순히 별만 뜻하는 건 아니야. 태양, 행성, 위성, 혜성, 소행성, 항성, 성단, 성운, 운석, 행성 간 물질, 항성 간 물질, 우주진, 대기권 밖 우주 공간에 떠 있는 온갖 물체를 통틀어 일컫는 말이지."

진샘이는 눈을 깜박였다. 별을 관찰하는 데 천체 망원경을 사용한다는 것을 들어 본 적 있지만 지금까지 천체가 단순히 별을 가리키는 줄로만 알았다.

"그럼 이 기계로 그런 모든 것들이 어디 있는지 알 수 있단 말이에요? 시시하게 생겼는데……."

장영실 아저씨가 진샘이를 물끄러미 보았다.

"보영이 말로는 너도 디자이너가 되고 싶다고 하던데? 그렇다면 **별것 아닌 물건에서도 대단한 걸 찾아낼 줄 알아야 해.**"

진샘이는 기가 찼다. 천체 만원경이라면 또 모를까, 겨우 납작한 고리들로 이루어진 기구로 어떻게 해와 달의 위치를 파악할 수 있다는 것인지 이해할 수 없었다.

"아저씨 사기꾼이죠?"

"사기꾼? 내가?"

장영실 아저씨는 발끈하며 혼천의에 바짝 붙어 섰다.

"지금 해가 떠 있으니까, 해에 맞춰 볼게."

진샘이는 장영실 아저씨가 분주하게 손을 움직여 기구를 만지는 모습을 지켜보았다. 사기꾼은 아니었지만 과학자나 디자이너처럼 보이지도 않았다. 하지만 자꾸 별것 아닌 물건에서 대단한 것을 찾아보라는 그 말이 진샘이의 귀에 맴돌았다.

"근데요, 아저씨! 그걸로 뭘 찾으실 거예요?"

아저씨는 눈과 손을 고리에서 떼지 않고 대답했다.

"그거야 하늘이 품은 비밀이지."

"하늘에 무슨 비밀이 있어요?"

"시간이 숨어 있거든."

진샘이는 머릿속이 복잡해졌다. 보영이도 그렇고 장영실 아저씨도 그렇고, 왜 알 듯 말 듯 아리송한 이야기를 늘어놓아서 사람 마음을 싱숭생숭하게 하는 걸까?

"시간이 어떻게 숨어 있는데요?"

장영실 아저씨는 혼천의에 푹 빠져 있느라 진샘이가 말하는 소리를 듣지 못했다. 진샘이도 좋은 생각이 나면 거기에 푹 빠져들곤 했다. 쉬는 시간이 끝나는 것도 모르고 티셔츠를 디자인했고, 머릿속에 떠오르는 디자인을 놓치기 싫어서 선생님의 질문에 대답하지 않기도 했다. 진샘이는 아저씨가 기구를 다 만질 때까지 가만히 기다리기로 했다.

"자, 다 맞췄다. 어디 보자, 오늘이 청명이구나."

"청명이 뭐예요?"

"24절기 중 하나지."

"24절기는 뭐예요?"

장영실 아저씨는 '장영실 아저씨네 발명 만물상'을 홍보하는 전단지를 가져와 뒤집었다. 그러고는 곧 매끄럽고 하얀 뒷면에 그림을 그리기 시작했다. 빛살이 뻗어 나오는 동그라미를 하나 그리고, 그 동그라미를 중심에 두고 그보다 작은 동그라미를 위아래와 양옆에 하나씩 그렸다. 그리고 그 동그라미들 사이에 그보다 더 작은 동그라미를 다섯 개씩 그렸다. 가장 큰 동그라미를 중심에 두고 크고 작은 동그라미들이 목걸이처럼 놓여 있었다.

"잘 보렴. 가운데에 있는 게 해야. 이 해가 지나가는 길에 동지, 춘분, 하지, 추분, 이렇게 커다란 네 절기가 있지. 그리고 그 사이에 입춘, 우수, 경칩, 청명, 곡우, 입하, 소만, 망종, 소서, 대서, 입추, 처서, 백로, 한로, 상강, 입동, 소설, 대설, 소한, 대한이 있단다. 이렇게 24절기가 모여서 한 해를 이루지."

"맙소사, 한 해를 1월부터 12월까지가 아니고 24개로 쪼갠다고요?"

"그래. 태양이 우리나라를 비추는 정도에 따라 맞춘 거란다. 물

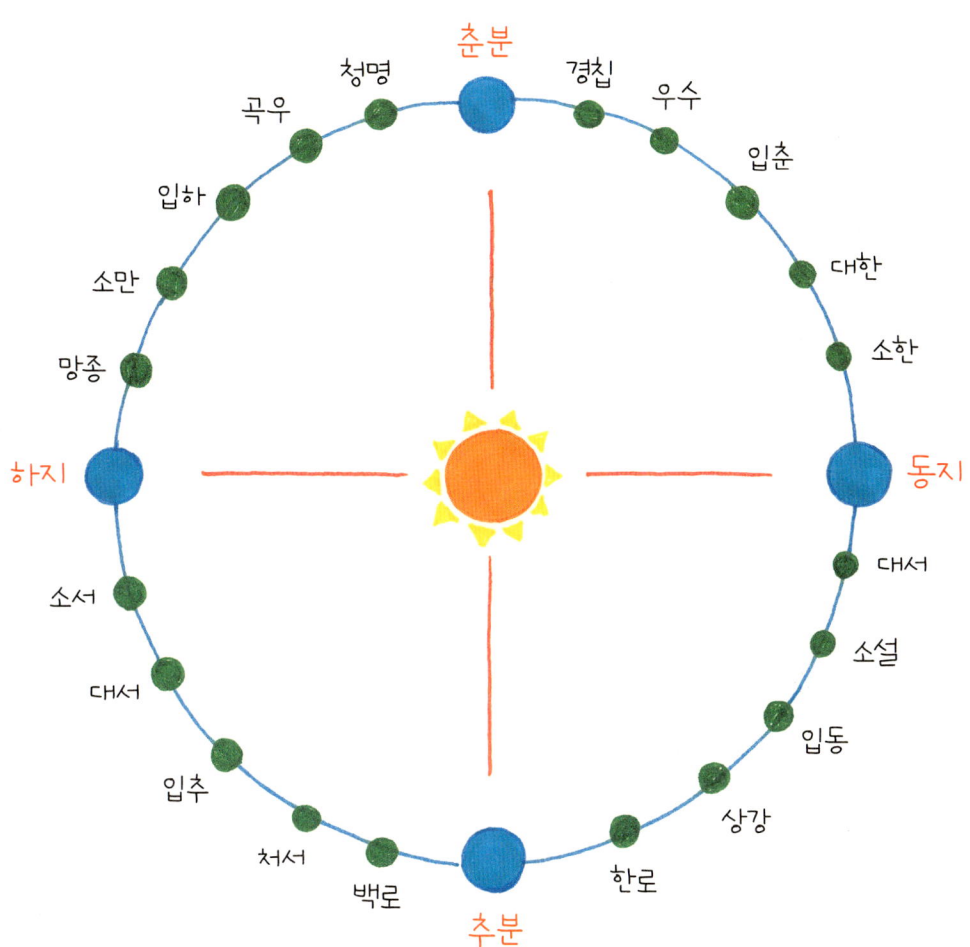

43

론 약간씩 차이가 생기지만. 그래서 음력으로 윤달을 만들어서 시간을 맞추기도 하고."

진샘이에게는 낯선 날짜 계산법이었다.

"한 해를 24절기로 나누면 그중 다섯 번째가 청명이다. 청명이 되면 봄 농사를 시작하지. 그 시기에는 논둑과 밭둑을 가래로 손질한단다."

혼천의의 고리들이 하나로 합쳐지면서 한 지점을 가리키고 있었다. 거기에 한자가 씌어 있었다. 진샘이는 스마트폰으로 그 한자를 검색했다. 아저씨 말대로 청명이었다.

"진짜, 해를 보고 맞힌 거예요?"

"그럼!"

"이런 건 스마트폰으로 찾으면 다 나오는데 무엇 때문에 이렇게 복잡한 기구를 써요?"

장영실 아저씨가 껄껄 웃었다.

"나도 알지. 하지만 말이다. 이 세상 모든 곳에 스마트폰이 있는 게 아니거든. 아주 오래전부터 있었던 것도 아니고 말이야. 내가 하는 이런 연구들이 쌓이고 쌓여서 스마트폰이라는 제품이 만들어진 거란다. 다시 보렴. 이 혼천의는 투박해 보이지만 아주 오래전 해와 별과 달이 품은 비밀을 사람들에게 알리는 중요한 역할을 했던 기구란다."

진샘이는 청명이라는 한자를 보고 또 보았다. 저 괴상한 기구가 진짜 청명을 맞힌 것인지, 아니면 아저씨가 대충 찍어 말한 것인지 궁금했다.

"사람이 기구를 어렵게 오랫동안 만지지 않고서도 기구가 자동으로 절기를 맞췄으면 좋겠어요."

"그래? 사실은 나도 그렇게 생각해. 요 녀석, 나랑 생각이 좀 통하는걸!"

아저씨가 오른손을 쫙 펴서 내밀었다. 진샘이는 잠깐 망설이다가 오른손을 펴서 아저씨의 손바닥에 맞부딪쳤다.

아저씨는 조끼 주머니에서 줄자를 꺼내 혼천의 옆을 왔다갔다 하며 길이를 쟀다.

"이곳은 정말 궁금한 것투성이야."

진샘이가 혼잣말을 하자 장영실 아저씨가 진샘이의 어깨를 가볍게 쳤다.

"그런 궁금증이 착한 디자인을 만드는 출발점이란다. 참, 여기서 '착한 기술과 착한 디자인' 수업도 하는데 관심 있으면 들으러 와. 보영이도 이 수업을 들어."

장영실 아저씨가 진샘이에게 종이를 몇 장 주었다. 종이에 적힌 글씨가 약간 특이했다. 게다가 프린터로 인쇄한 것이 아니라 다른 방법을 사용한 것 같았다.

> 혹시 '적정 기술'이라고 들어 봤나요?
> 여러분과 함께 착한 디자인과 착한 기술에 대해 이야기를 나누고 싶어요.
> 관심 있는 어린이들은 햇빛 마을에 있는 **장영실 아저씨네 발명 만물상**으로 오세요.

적정 기술이라는 단어에 진샘이는 머리가 지끈거렸다.

"많이 가져가서 친구들한테 나눠 줘."

진샘이는 수업 시간을 살펴보았다. 다행히 미술 학원 수업 시간과 겹치지 않은 데다 강습료도 무료였다.

"공짜로 가르쳐 주면 아저씨에게 뭐가 남아요?"

장영실 아저씨가 어깨를 으쓱 올렸다.

"난 그냥 내가 좋아하는 일을 하면서 착하게 살고 싶단다."

"네?"

전단지를 받아서 돌아서는 진샘이의 머릿속에 착하다는 말이

맴돌았다. 괴상하게 생긴 쇳덩어리들을 움직여 절기를 알아낸 장영실 아저씨의 얼굴도 다시 떠올랐다. 꼭 귀신에 홀린 것 같았다.
"착한 게 중요한가? 착하든 말든, 난 상관없어."
하지만 보영이가 자기보다 더 뛰어난 디자이너가 되는 것은 참을 수 없었다. 진샘이는 그 강습을 꼭 듣겠다고 결심했다.

햇빛이 쏟아지는 날
• 디자인과 기술은 뗄 수 없는 관계다 •

엄마가 홈쇼핑에서 구매한 식품 건조기가 집으로 배달되었다.

"진샘아, 이걸로 과일도 말릴 수 있어. 찐 고구마를 말리면 고구마 말랭이가 된대. 신기하지?"

엄마는 잔뜩 들떠서 건조기를 만졌다. 엄마 못지않게 진샘이도 식품 건조기가 신기했다. 엄마가 바나나를 썰면 진샘이가 건조기 안에 바나나를 올려놓았다. 다음 칸에는 참다래를, 그 다음 칸에는 오렌지를 놓았다.

"그래도 두 칸이 남네. 뭘 또 넣지?"

"한꺼번에 이렇게 많이 말려도 돼요?"

"어차피 작동시킬 때마다 전기세가 드니까, 한 번에 왕창 하는 게 이득이야."

엄마는 주섬주섬 지갑을 챙겨 밖으로 나갔다. 그러더니 곧 딸기와 사과를 사 들고 돌아왔다. 엄마는 콧노래를 부르며 과일을 얇게 썰었다. 그 옆에서 엄마를 거들던 진샘이는 부엌에 붙은 달력에서 청명이라는 글씨를 발견했다.

"엄마, 저 햇빛 마을에서 하는 디자인 수업을 들으려고요."

"햇빛 마을에서? 거기에 디자인 수업을 할 곳이 있니?"

"한옥으로 된 만물상이 있어요. 그곳에서 디자인 수업을 한대요."

"그래, 네가 하고 싶은 거라면 해야지. 우리 딸 꿈이 디자이너였나? 잘 나가는 디자이너는 돈도 잘 벌잖아. 이런 가전제품들을 만드는 디자이너도 따로 있다지."

엄마는 썰어 둔 과일을 각 칸에 꽉꽉 채워 놓고 식품 건조기의 전원을 켰다. '우우웅' 하는 소리가 제법 크게 났다.

오후에 넣어 둔 과일은 저녁 무렵이 되어서야 다 말랐다. 진샘이는 꾸덕꾸덕 마른 과일 조각들을 집어먹었다.

"그런데 식품 건조기의 모양이 너무 재미없어요. 꼭 도시락 통 같아요."

"그럼 네가 재미있는 모양으로 만들어 봐."

엄마가 툭 던지듯 말했다.

진샘이는 수첩에 자신이 생각하는 식품 건조기를 그렸다. 직사각형 도시락 통 같은 식품 건조기가 아니라 더 예쁘고 재미있는 모양으로 만들고 싶었다. 밤늦도록 진샘이가 디자인한 식품 건조기는 둥글고 납작한 칸이 기둥에 걸린 형태였다. 만물상에서 본 간의와 비슷했다. 괴상하게 생긴 간의를 이런 식으로 변형하니 꽤 근사했다.

"난 좀 재능이 있단 말이지."

진샘이는 자기가 그린 것을 장영실 아저씨한테 보여 주고 싶었다. 아저씨에게 보영이보다 더 뛰어난 디자이너가 여기에 있다고 으스대고 싶었다. 지금까지 부모님, 미술 학원 선생님, 학교 선생님이 모두 자신의 디자인을 칭찬해 주었던 것처럼 장영실 아저씨에게도 인정받고 싶었다.

장영실 아저씨의 디자인 수업은 매주 금요일 오후에 열렸다.

진샘이는 수업 시간보다 일찍 만물상에 도착해서 아저씨를 찾았다.

"아저씨, 안에 계세요?"

아저씨는 대답이 없었다.

진샘이는 마당을 한 바퀴 빙 둘러보았다. 혼천의 옆에 커다란 나무 상자가 붙어 있었다. 혼천의를 조금 더 살펴보다가 마당 한가운데에 있는 또 다른 기구들을 슬쩍 보았다. 컨테이너 안에서는 빛이 새어 나오고 있었다.

"불도 안 끄고 어디에 가셨지?"

진샘이는 컨테이너 안으로 들어갔다. 컨테이너 안에는 커다란 작업용 책상과 의자들이 놓여 있었다. 진샘이는 불을 끄려고 벽

에 붙은 전등 스위치를 찾았다. 스위치를 눌렀지만 불은 꺼지지 않았다. 진샘이는 이 빛이 어디에서 나오는지 궁금했다.

빛을 내는 물건은 천장에 달려 있었다. 하지만 컨테이너 천장에는 페트병 몇 개만 달려 있을 뿐이었다. 게다가 페트병에는 전구에 꼭 있어야 하는 필라멘트가 없었다.

"벌써 왔어?"

장영실 아저씨가 언제 들어왔는지 진샘이에게 다가와서 인사를 건넸다.

"네, 일찍 왔어요. 그런데 아저씨, 저 페트병에서 어떻게 밝은 빛이 나와요?"

"아, 저거?"

장영실 아저씨가 막 설명을 하려는데 왁자지껄 떠드는 소리와

함께 컨테이너 문이 활짝 열렸다.

"저 왔어요, 아저씨! 제 친구들도 수업을 듣고 싶다고 해서 데리고 왔어요."

보영이가 승욱이와 경진이와 함께 서 있었다. 승욱이는 컨테이너로 들어오자마자 이곳저곳을 둘러보느라 정신이 없었다. 경진이는 팔짱을 낀 채 잡다한 잡동사니들을 보며 눈살을 찌푸렸다.

"우아, 아저씨! 저건 뭐예요?"

승욱이도 페트병을 궁금해했다.

"아, 저거? 안 그래도 진샘이가 물어봐서 얘기하려던 참이야. 저건 페트병 전구란다."

승욱이와 진샘이, 경진이의 눈이 휘둥그레졌다.

"저게 전구라고요?"

"전등을 켜면 되는데, 왜 굳이 저런 걸 달아 놓아요?"

그러자 장영실 아저씨가 작은 상자를 작업대 밑에서 꺼냈다. 그것은 위쪽이 뚫려 있고 바닥과 옆과 뒤는 나무로 막힌 상자였다. 그리고 앞에는 두꺼운 검은 천이 길게 늘어져 있었다.

"자, 잘 보렴. 이 빈 페트병에 물과 표백제를 섞어서 넣고 이 상자에 끼울 거야."

장영실 아저씨는 페트병에 깔때기를 대고 물과 표백제를 차례로 넣었다. 상자 위쪽의 구멍에 페트병을 끼우니 꼭 들어맞았다.

"이게 뭐예요?"

"자, 그럼 이제 확인하러 갈까?"

장영실 아저씨가 상자를 조심스럽게 들고 컨테이너 밖으로 빠져나갔다. 진샘이와 친구들은 아저씨 뒤를 졸졸 따라 나갔다. 아저씨는 햇빛이 잘 드는 마당 한가운데에 있는 평상에 상자를 내려놓았다.

"자, 오늘 수업은 '햇빛을 이용한 기술과 디자인'이란다."

"어, 벌써 수업이 시작된 거예요?"

승욱이가 먼저 평상에 털썩 주저앉았다.

"승욱이는 호기심이 많고 과학자가 되는 것이 꿈이지? 그리고 거기 하늘색 티셔츠를 입은 멋쟁이는 경진이고. 이제 보니 우리 보영이가 멋진 친구들을 사귀었구나."

진샘이가 양 팔을 허리에 올렸다.

"아저씨, 저 친구들한테 디자인 수업이 있다고 알려 준 건 저예요. 제가 엊그제 아저씨가 준 전단지를 친구들 책상에 올려놓았거든요."

진샘이가 토라진 말투로 말했다.

그러자 경진이가 진샘이의 옆으로 다가왔다.

"그 전단지 네가 올려 둔 거였어? 나는 그 전날 보영이한테 이야기를 들었어."

"나도 보영이한테 들었어. 전단지는 그 다음에 봤고."

승욱이도 말했다.

진샘이의 얼굴이 붉게 달아올랐다. 사실 전단지를 버리기에는 영 찜찜해서 경진이와 승욱이의 책상에 올려놓았는데, 친구들이 진짜 이 수업을 들으러 올 줄은 몰랐다. 내성적인 보영이가 친구들에게 수업을 들으러 오라고 말했다는 것도 뜻밖이었다.

"이게 뭘로 보이니?"

아저씨가 평상에 곧은 막대를 세웠다.

"막대기예요."

경진이가 삐딱하게 서서 대답했다.

"그것만 보이니?"

진샘이는 막대를 뚫어져라 보았다. 아무리 봐도 평상과 막대 이외에는 다른 것이 없었다.

"그림자도 있어요."

보영이가 또렷한 목소리로 말했다.

"그래, 맞아. 그림자란다. 빛이 있으면 그림자가 생기지. 그렇지만 그림자의 모양이 항상 똑같지 않아. 해는 시간에 따라 움직이기 때문에 그림자의 길이와 각도가 시간마다 달라진단다."

승욱이가 손을 번쩍 들었다.

"아, 그 말 들어 본 적 있어요. 지금 같은 시계가 있기 전에는 그림자를 보고 시간을 알아내는 해시계를 사용했대요."

장영실 아저씨가 손뼉을 쳤다.

"빙고! 바로 맞췄다. 그럼 여길 볼까?"

아저씨가 평상 바로 옆에 놓인 돌덩어리를 가리켰다. 안이 움푹하게 파인 돌덩어리에는 송곳 같기도 하고 시곗바늘 같기도 한 쇳덩어리가 붙어 있었고, 가로 세로로 줄이 그어져 있었다. 그것과 똑같은 돌덩어리가 나란히 한 개 더 있었다.

"이거 이름이 뭐였더라. 분명히 어디서 봤는데……."

승욱이가 고개를 갸웃거렸다.

"나도 봤는데……. 앙드레김 아저씨랑 비슷한 이름이었어. 앙……."

경진이가 중얼거렸다.

"뭐, 앙드레김? 하하하! 이건 앙부일구라는 해시계란다. 앙부는 하늘을 우러러 보는 모양의 가마솥이라는 뜻이고, 일구는 해시계란 뜻이야."

"맞다, 앙부일구!"

승욱이가 그제야 생각났다는 듯 눈빛을 반짝였다.

"아, 그럼 가마솥처럼 하늘을 보는 해시계라는 뜻이군요."

"맞아. 이 해시계의 눈금은 15분 간격으로 있는데, 해가 떠 있는 묘시부터 유시까지 시간을 알 수 있단다."

"묘시, 유시가 뭐예요?"

경진이가 눈을 끔벅이며 물었다.

"자, 축, 인, 묘, 진, 사, 오, 미, 신, 유, 술, 해. 이렇게 12간지로 시간을 계산하는데, 묘시는 아침 6시 정도이고 유시는 저녁 6시 정도라고 보면 돼. 여기에 그어진 선은 24절기를 알 수 있는 계절선이란다. 이 눈금은 우리나라 고유의 역법에 따라 하루를 100각으로 나누었어. 그리고 1각을 또 100분으로 나누었어. 1각은 100분으로 이루어져 있으니까 하루는 10,000분이지?

"자, 이 옆에 있는 앙부일구는 그 다음에 나온 디자인인데, 하루를 서양식 천문 계산법에 따라 96각으로 나누었어. 앙부일구의 시간은 안타깝게도 지금 우리가 쓰는 시간하고는 30분이나 차이가 난단다. 우리나라에서 현재 쓰는 시간은 일본에 있는 동경을 기준으로 삼았거든."

진샘이는 장영실 아저씨가 한 말을 반만 알아들었다. 그러나 돌덩어리를 사용해 시간을 알 수 있다는 사실은 신기했다.

"그런데 아저씨, 이 앙부일구랑 디자인은 무슨 관계가 있어요?"

경진이가 날카로운 목소리로 물었다.

장영실 아저씨는 앙부일부에 새겨진 눈금을 손으로 쓰다듬었다.

"왜 이 안을 둥글게 팠을까? 시간의 오차를 줄이기 위해 둥근 해의 모양을 땄기 때문이지. 그러니까 **디자인하고 기술은 떼려야 뗄 수 없는 관계란다.**"

진샘이는 지끈거리는 머리를 손으로 감쌌다. 디자인은 보기에 좋으면 되는 것인 줄 알았는데, 거기에 기술까지 더해야 한다니 골치가 아팠다.

"자, 이제 진샘이와 승욱이가 궁금해하는 이 페트병 전구를 들여다볼까?"

장영실 아저씨가 페트병이 꽂힌 상자 앞에 드리워진 검은 천을 살짝 들었다. 승욱이가 먼저 그 안으로 머리를 들이밀었다.

"우아, 우아! 진짜 신기해요!"

경진이와 진샘이는 다음 차례가 오기를 기다렸다. 한참 만에 천 밖으로 고개를 뺀 승욱이가 아저씨의 팔을 잡고 흔들었다.

"무슨 원리를 이용한 것인지 알려 주세요. 네?"

"해를 잘 이용한 것뿐이야."

장영실 아저씨가 허허 웃으며 말했다.

진샘이는 더 이상 참을 수가 없었다. 다음 차례를 기다리는 경진이를 제치고 먼저 천으로 고개를 들이밀었다. 캄캄한 상자 안을 페트병이 환하게 밝히고 있었다. 페트병 안에 표백제와 물만 넣었을 뿐인데 어떻게 이런 빛이 나는지 신기했다.

진샘이가 천 밖으로 얼굴을 빼자 경진이는 잔뜩 골이 난 얼굴로 노려보았다.

"너, 다시 봤어, 황진샘!"

경진이는 콧방귀를 뀌며 진샘이를 밀어냈다. 그러고는 천 안으

로 머리를 넣었다.

"황진샘, 나하고 디자인을 공부하고 싶다면 다른 사람을 배려하는 마음을 가져야 해. 경진이 차례였잖아."

진샘이는 나무라는 아저씨에게 투덜거렸다.

"누가 먼저든 무슨 상관이에요? 그리고 뭘 배려해요? 자기만 생각해야 독창적인 아이디어가 나온다고요."

마음속으로 생각하고 꾹꾹 눌러 왔던 말이 진샘이도 모르게 입 밖으로 튀어나왔다. 그러자 아저씨가 슬픈 표정으로 진샘이를 바라보았다.

"내가 앙부일구를 만든 건, 해가 우리에게 알리는 시간을 모든 사람들과 함께 나누고 싶었기 때문이야. 나 혼자 그걸 알고 싶었다면 절대 이 물건을 만들지 않았겠지. 페트병 전구도 마찬가지야. 이 세상에는 대낮에도 어두컴컴한 집에서 생활하는 사람들이 많단다. 그런 동네에는 아예 전기가 들어오지 않지.

내가 꿈꾸는 착한 디자인은 많은 사람들에게 혜택을 주는 물건을 만드는 기술이란다. 재료비가 많이 들지 않으면서 사람들의 삶의 질을 향상시키는 물건을 만드는 것이 나의 목표야. 이런 의도로 디자인과 기술이 결합된 것을 '적정 기술'이라고 한단다."

진샘이는 부끄러워서 고개를 숙였다.

그때 진샘이의 눈에 또 다른 기구가 보였다. 컨테이너 앞에 있는 기구는 높다란 본체에 구멍 난 철판이 비스듬하게 고정되어 있었다. 그리고 그 철판에 납작하게 썬 과일들이 가지런히 놓여 있었다. 전기가 아닌 햇빛으로 음식을 말리는 식품 건조기였다.

진샘이가 디자인한 식품 건조기는 햇빛을 받아 사용하는 것이 아니라 전기를 쓰는 기계였다.

"칫, 착한 디자인 따위를 누가 하고 싶대요?"

진샘이는 발명 만물상을 뛰쳐나갔다. 그리고 다시는 장영실 아저씨를 보러 오지 않겠다고 다짐했다.

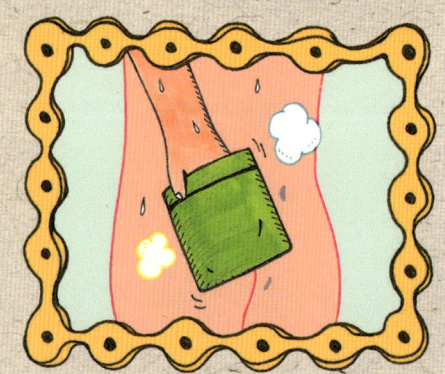

비와 함께
• 많은 사람들이 쓸 수 있어야 한다 •

아침부터 흐렸던 하늘에서 비가 주룩주룩 내렸다. 학교 복도를 걷던 경진이가 창밖을 내다보며 요란하게 외쳤다.

"어머, 비 오네! 내 한정판 우산을 쓸 기회가 왔어! 이번에 알싸가 한정판으로 만든 거야. 그런데 아까워서 어쩌지? 잠깐 펴서 자랑할 정도까지만 비가 왔으면 좋겠어. 내 우산이 구겨지는 건 정말 싫어!"

진샘이는 피식 웃었다.

"우산은 비 올 때 쓰라고 있는 물건이잖아. 그런데 우산이 비에 젖지 않기를 바란다고?"

경진이가 샐쭉해져서 입술을 내밀었다.

"야, 황진샘! 너 좀 이상해졌다. 평소 같으면 꺅꺅하면서 얼른 보여 달라고 했을 텐데. 진짜 안 궁금해? 알싸라니까, 알싸!"

"나도 알아. 알싸가 누군지, 어떤 디자인을 하는지. 그리고 나한테 소리 지르지 마!"

진샘이는 심드렁하게 대답했다. 그러고는 경진이 옆을 지나쳐 교실로 먼저 들어갔다. 승욱이가 진샘이에게 다가왔다.

"진샘아, 너 어제 왜 빨리 갔어? 장영실 아저씨가 어제 말린 과일을 간식으로 주셨는데."

"간식?"

"응. 나는 말린 과일이 그렇게 맛있는 줄 처음 알았어."

진샘이는 아저씨가 구멍 뚫린 철판으로 만든 식품 건조기를 떠올렸다.

"정말 잘 말랐어?"

"쫀득쫀득하게 잘 말랐더라. 찐 고구마도 썰어서 말리고 싶어. 우리 할머니가 베란다에서 말리는 무말랭이도 거기에 올리면 금세 마르겠더라. 태양열을 사용하는 거라 전기비도 안 들어서 우리 할머니가 엄청 좋아하실 거야. 그래서 장영실 아저씨랑 같이 만들어 보기로 했어!"

"같이?"

"응. 아저씨가 각자 만들고 싶은 물건이 있으면 그래서 가져 오라고 하셨거든. 네 것도 궁금해하시던데?"

"정말 내가 디자인한 걸 보고 싶어 하셨다고?"

"그래!"

진샘이는 어제 혼자 뛰쳐나온 것이 마음에 걸렸다.

수업이 끝날 때까지 비는 그치지 않았다. 경진이가 교실을 가장 먼저 빠져나갔다. 진샘이는 경진이와 마주치지 않으려고 가방을 천천히 쌌다. 분명히 경진이는 으스대며 운동장을 천천히 걷고 있을 것이다. 누군가가 우산이 멋지다는 말을 해 주기를 기대하면서 시간을 보낼 것이다. 딱 한 명이라도 멋지다는 말을 해 주면, 경진이는 그 우산이 알싸가 디자인한 한정판 상품이며 자신은 이토록 디자인이 뛰어난 물건을 고르는 감각이 있다고 한바탕 자랑을 늘어놓을 것이 뻔하다!

진샘이도 경진이처럼 한정판 디자인 제품을 누구보다 빨리 갖고 싶었다. 그 물건들을 가지고 있으면 자신이 더 특별한 사람이 되는 것 같아서였다. 그런데 장영실 아저씨를 만나면서 자꾸 자신이 초라하게 느껴졌다. 진샘이는 그 이유를 제대로 알지 못해서 더 기분이 나빴다.

진샘이가 교실을 빠져나갈 때 보영이가 옆으로 다가왔다.

"진샘아, 우산 가져 왔어?"

"아니."

"어떡하지? 같은 방향이 아니라서 씌워 주지 못하겠네."

진샘이는 보영이를 물끄러미 바라보았다. 경진이는 한 번도 보영이처럼 자신을 생각해 준 적이 없었다. 늘 진샘이가 먼저 무언가 알아봐 주기를 바라고 자신을 칭찬해 주기를 기대하는 눈빛이었다. 하지만 보영이는 진샘이가 비를 맞을까 봐 걱정하고 있었다.

"보영아, 오늘 만물상에 가? 나도 가고 싶어."

"진짜? 잘됐다!"

보영이가 우산을 쫙 폈다. 우산대에 붙은 방수 천들이 알록달록했다.

"우산 참 특이하다."

"아, 이거? 이런 우산을 가지고 싶어서 그랬더니 장영실 아저씨가 만들어 주셨어. 사람들이 버린 우산들을 주워서 만든 거야. 아마 아저씨는 내가 그린 것과 똑같은 천을 모으느라 애쓰셨을 거야."

색깔이 다른 천을 붙여 만든 우산은 아기자기하고 따뜻한 느낌이 들었다.

교문 근처에도 특이한 우산이 하나 서 있었다. 알싸의 트레이드 마크인 파란 나비가 커다랗게 박힌 우산이었다. 진샘이의 예상대로 경진이는 아직 집에 가지 않았다. 아직 누구에게도 우산이 멋지다는 말을 듣지 못한 모양이었다. 경진이는 시무룩한 표정으로 주위를 둘러보다 진샘이를 발견했다.

"진샘아, 어디 가?"

"왜 여태 안 갔어?"

"그거야······."

경진이가 말끝을 흐렸다.

"우산 예쁘네!"

진샘이는 그 말을 하고서 빠르게 발길을 돌렸다.

"황진샘, 어디 가냐고?"

"장영실 아저씨네 발명 만물상."

진샘이는 경진이가 얼마나 실망했을지 잘 알고 있었다. 자기도 맨드래니 티셔츠를 입고 왔을 때 그랬으니까.

진샘이는 보영이와 만물상에 가면서 많은 이야기를 나눴다.

"아저씨 참 대단해. 앙부일구는 누군가 쓰다 버린 세면대로 만들었고, 혼천의와 간의도 못 쓰는 기계를 재활용해서 만들었대."

"그게 다 주운 물건으로 만들었단 말이야?"

진샘이는 놀라서 입을 떡 벌렸다.

"응. 진짜라니까. 그리고 아저씨가 그러는데 자연에 맞춘 시간에 따라 산다면 느긋해질 수 있대."

"그런가? 그래도 난 전자시계가 없으면 불편할 것 같은데……."

생각해 보니 오늘날에는 쉽게 시간을 알아낼 수 있지만 사람들은 늘 시간에 쫓기듯 다급했다. 알람을 맞춰 놓아도 아빠는 늘 지각할까 봐 출근을 서둘렀고 엄마는 스마트폰에 진샘이 학원 시간을 적어 두고 체크하기에 바빴다. 매일 시간은 흘러갔지만 그 시간은 언제나 빡빡하고 정신없었다.

"보영아, 네가 디자인한 물건들을 보여 줄 수 있어?"

"내가? 내가 한 건 디자인이라고 할 것까지도 없어. 그냥 스케

치야. 네가 그린 것이 더 멋질걸?"

"그래도 보고 싶어."

보영이는 우산을 들지 않은 손으로 길가에 있는 편의점을 가리켰다. 둘은 편의점 유리벽에 기대어 섰다. 진샘이가 우산을 들고, 보영이는 가방에서 손 안에 쏙 들어가는 수첩을 꺼냈다.

보영이가 수첩에 그린 물건들은 화려하고 특별한 것이 아니었다. 오히려 평범했다. 하지만 번득이는 아이디어가 돋보였다. 걸을 때마다 충전되는 배터리, 연필깍지에 달린 뚜껑을 젖히면 나타나는 연필깎이, 택배 상자에 노출된 주소를 안 보이게 감추는 펜 등 모두 생활하면서 느끼는 불편을 해결할 수 있는 물건들이었다.

"이걸 다 네가 구상했어?"

"그냥 그려 봤어. 장영실 아저씨가 자꾸 만들고 싶은 걸 그려 보라고 하셔서. 나는 너처럼 그림을 잘 그리지 못해서 대충 그려 본 거야."

보영이는 부끄러워서 두 손으로 뺨을 감쌌다.

"너, 그림 잘 그려."

"내가? 아니야. 아무리 봐도 엉성한걸."

"미술 학원 선생님이 그러는데, 이 세상에는 잘 그린 그림과 못 그린 그림이 따로 있는 게 아니래. 어떤 기준으로 보느냐에 따라 다르다고 하셨어. 내가 보기에 네 그림은 정말 좋아. 장영실 아저씨가 말했던 착한 디자인 같아."

"정말?"

보영이가 기뻐하며 제자리에서 펄쩍 뛰었다. 그 바람에 우산에서 물방울이 잔뜩 진샘이의 바지로 튀었다. 하지만 보영이는 그 사실을 모르는 듯 자꾸자꾸 뛰었다.

"정말 괜찮아 보여? 나는 아저씨가 나한테 디자이너라고 부르는 게 부담스러웠거든. 나는 너처럼 미적 감각이 뛰어나지도 않은데 말이야."

"내가 미적 감각이 뛰어나다고?"

"응. 네가 입고 왔던 그 고양이 티셔츠, 정말 멋졌어! 그 전에 입었던 맨드라미 꽃 치마도 예뻤어. 나도 맨드라미 좋아하는데……. 우리 할머니는 맨드라미 잎으로 나물을 무쳐 주셔! 그거 진짜 맛있어."

"맨드라미 잎을 먹어?"

"응. 얼마나 고소하다고! 맨드라미 잎은 푸른데 데치면 붉은 물이 나와. 신기하지?"

"진짜 신기하다. 나도 먹어 보고 싶어."

"그래? 다음에 우리 집에 놀러 오면 먹어 보게 해 줄게."

진샘이는 보영이와 이야기를 하면서 기분이 훨씬 좋아졌다. 보영이가 맨드래니가 디자인한 옷을 칭찬해서가 아니라 맨드라미가 쓰이는 다른 용도를 알려 줘서 기뻤다. 단지 예쁜 꽃으로만 생각했던 맨드라미를 먹을 수 있다니! 재밌고 놀라운 사실이었다.

발명 만물상 대문은 열려 있었다. 보영이는 아저씨가 대문을 잠그지 않는다고 했다. 언제든 누구라도 이곳에 와서 잠깐 쉬었다 갈 수 있기를 바라는 것이 아저씨의 뜻이라고 했다.

장영실 아저씨는 마루에 앉아 비를 구경하다가 두 사람을 반갑게 맞았다.

"어서 오렴. 진샘이는 바지가 많이 젖었구나. 들어와서 어서 말리렴."

"감사합니다."

"꿀에 절인 생강 차 한 잔 줄게. 여기서 조금만 기다려."

진샘이와 보영이는 아저씨를 따라 집 안으로 들어갔다. 방 한쪽에는 책이 가득 꽂힌 책꽂이가 있었고, 마루와 연결된 거실에는 커다란 책상이 놓여 있었다. 책상 위에는 방금 전까지 만진 것 같은 종이 몇 장이 어지럽게 널려 있었다.

"아저씨, 마루에 앉아 뭘 보고 계셨어요? 설마 저희를 기다리신 거예요?"

보영이가 물었다.

"하하! 비가 얼마나 내리는지 보고 있었단다."

"비가 얼마나 오다뇨? 그걸 어떻게 알아요?"

진샘이가 물었다.

아저씨가 손가락을 뻗었다. 아저씨가 가리킨 곳에는 투명한 아크릴 통이 꽂힌 플라스틱 상자가 있었다.

"저게 뭐예요?"

"측우기야. 예전에는 쇠로 기둥을 만들고 그 안에 자를 넣어서 비의 양을 측정했는데, 그러다 보니 넣은 자의 부피만큼 물이 늘어나서 정확하지 않더구나. 그래서 나는 눈금이 있는 투명한 아크릴을 활용했단다. 그 눈금을 보면 오늘 내린 비 양을 잴 수 있어."

진샘이는 우산을 쓰고 측우기 옆으로 다가갔다. 아크릴 통 바깥에 눈금이 그려져 있어서 그 안에 고인 빗물의 양이 얼마나 되는지 한눈에 알 수 있었다.

진샘이는 다시 마루로 돌아와 아저씨 옆에 앉았다. 아저씨는 따뜻한 차를 진샘이와 보영이에게 건넸다.

"오늘 하루에 내린 양이 저 정도라고요?"

"그렇지. 그런데 너희 둘, 연락도 없이 어쩐 일이냐? 진샘이는 다시 안 올 줄 알고 걱정했는데."

진샘이는 말없이 애꿎은 찻잔만 만지작거렸다.

"어쨌든 다시 와 줘서 고맙구나. 보영이가 감각 있는 친구라고 하도 자랑을 하기에 네 솜씨를 좀 보고 싶었거든."

장영실 아저씨가 너털웃음을 터뜨렸다. 커다란 아저씨의 몸이 덩달아 움직였다. 듣는 사람의 기분까지 유쾌하게 만드는 웃음이었다.

"아저씨는 왜 착한 기술과 착한 디자인을 추구하세요?"

진샘이는 용기를 내서 진짜 궁금했던 질문을 던졌다. 아저씨는 두 눈을 끔벅거리다가 뒷목을 긁었다.

"이 세상에는 값비싼 디자인을 살 수 있는 사람들이 몇 안 되거든. **나는 소수의 사람들보다 많은 사람들이 기분**

좋게 살 수 있는 제품을 만들고 싶어. 그것이 바로 착한 기술, 착한 디자인이야."

진샘이는 뒷머리가 뻐근해지는 것 같았다. 그러면서 자신이 이제껏 디자인했던 제품들을 떠올렸다. 보석을 박은 스마트 안경, 금박을 두른 마우스, 루비가 박힌 머리빗 등 진샘이가 만들고 싶었던 물건들은 하나같이 비싼 재료가 들어가는 것이었다. 이왕이면 가장 비싸고 화려한 제품을 만들어서 인정받고 싶었다. 하지만 아저씨 말대로 그렇게 비싼 물건을 살 수 있는 사람들은 많지 않을 것이다.

진샘이는 수첩을 꺼내 떠오르는 생각을 쓱쓱 그렸다. 보영이가 입을 헤 벌리고 그것을 지켜보았다.

"이게 뭐냐?"

장영실 아저씨가 물었다.

"우산 덮개요. 비가 오면 사람들이 비닐로 된 일회용 우산 덮개를 쓰고 버리잖아요. 그러면 쓰레기가 만만치 않을 거예요. 이 덮개는 실리콘으로 만들어졌어요. 접었다 펴는 실리콘 컵이나 그릇을 본 적이 있죠? 접을 수 있는 우산 덮개를 우산 꼭지에 다는 거예요. 실내에 들어갈 때 우산을 접고 우산 덮개를 쭉 내리면 우산에 묻은 빗물이 저절로 우산 덮개에 담길 거예요. 다시 밖으로

나갈 때에는 우산 덮개를 올린 뒤 우산을 쓰는 거죠."

보영이가 감탄한 얼굴로 손뼉을 쳤다.

"황진샘. 진짜 멋져!"

장영실 아저씨가 엄지를 추켜세웠다.

"음, 좋은 아이디어로구나. 네가 생각해 낸 그 제품을 내가 만들어 봐도 되겠니?"

진샘이의 가슴이 쿵쿵 뛰었다. 아저씨가 우산 덮개를 만든다면, 자신이 디자인한 제품이 처음으로 물건으로 탄생하는 것이었기 때문이다.

"그럼요. 얼마든지요."

이상한 글자
• 지혜를 다른 사람과 나누다 •

진샘이는 보영이에게 장영실 아저씨 전화번호를 물어 문자를 보냈다.

'아저씨, 우산 덮개 만들었어요?'

답장이 바로 왔다.

'만드는 중.'

짧은 답장이었지만 이 답장 하나 때문에 진샘이는 이틀을 행복하게 보냈다. 자신이 직접 디자인한 우산 덮개를 장영실 아저씨가 어떻게 만들었을지 기대되었다. 우산 덮개를 단 우산을 쓴 많은 사람들이 진샘이의 눈앞에서 아른거렸다.

드디어 금요일이 되었다.

진샘이는 수업을 마치자마자 후닥닥 가방을 챙겼다.

"황진샘, 같이 가!"

승욱이가 부르는 소리도 귀에 들리지 않았다. 진샘이는 친구들을 뒤로하고 장영실 아저씨네 발명 만물상으로 뛰어갔다.

발명 만물상 대문은 오늘도 열려 있었다.

"헉헉, 아저씨, 저 왔어요!"

장영실 아저씨는 혼천의 옆에 있는 나무 상자 안에서 밖으로 나왔다.

"이 녀석아, 그렇게 뛰면 배 안 아프냐?"

"아저씨, 헉헉, 우산 덮개는요?"

"녀석도 참, 저길 봐라!"

진샘이가 디자인한 우산 덮개는 식품 건조기 옆에 있었다. 진샘이는 떨리는 손으로 우산 덮개가 씌워진 우산을 집었다.

"우아, 제가 상상했던 것과 똑같이 만들어졌어요!"

진샘이는 실리콘 우산 덮개를 접었다 펴며 깡충깡충 뛰었다.

"마음에 드니? 그런데 문제가 하나 있단다."

"무슨 문제요?"

"알아보니 이미 다른 나라에서 쓰고 있는 제품이더라."

진샘이는 들고 있던 우산을 떨어뜨렸다.

"벌써 쓰고 있다고요? 제가 처음 생각해 낸 것이 아니라고요?"

"그래. 가격이 많이 비싸고 유명한 디자이너가 만든 거라고 해."

다른 사람이 이미 만든 제품을 똑같이 만드는 것은 다른 사람의 생각을 훔치는 일과 같았다. 진샘이는 속이 상했다.

"쓸 만한 건 이미 다른 사람들이 다 만들었겠네요. 그러면 도대체 전 뭘 만들어야 해요?"

잔뜩 골이 나 툴툴거리는 진샘이에게 아저씨가 손바닥을 내밀어 보였다.

"자, 보거라. 모두가 이 손바닥을 가지고 있지만 똑같은 손바닥은 없단다. 지문도 다르고 손 모양과 크기도 달라. 무슨 말인지 알겠지? 그러니 기죽을 필요는 없어."

진샘이는 퉁명스럽게 대답했다.

"누가 그깟 일로 기죽는데요? 전 황진샘이라고요."

"알아. 우리 진샘이는 그깟 일로 기죽지 않지. 진정한 디자이너는 강한 마음을 가졌거든."

그때 왁자지껄한 소리와 함께 친구들이 마당으로 들어왔다. 진샘이는 왜 먼저 갔냐고 따져 묻는 친구들의 질문에는 대답하지 않고 다시 아저씨에게 물었다.

"아저씨, 강한 마음이 뭐예요?"

"진짜 디자이너는 자신이 하고자 하는 바를 밀고 나가는 의지를 지녀야 해. 그것이 강한 마음이야. 그리고 그 의지로 다른 사람들을 행복하게 하려고 노력하지. 이왕이면 사람들의 마음을 따듯하게 위로할 줄 알면 더 좋고."

고개를 갸웃거리는 진샘이의 어깨를 아저씨가 살짝 두드렸다.

"자, 이번 시간에는 '마음을 읽는 디자인'에 대해 이야기해 보도록 하자."

아이들은 장영실 아저씨를 따라 컨테이너 안으로 들어갔다. 이제 컨테이너 안을 비추는 페트병 전구에 모두들 익숙해졌다. 아저씨는 창문을 활짝 열어 햇빛이 더 들어오게 했다. 그런 다음 책상에 종이 두 장을 놓았다.

"이게 뭐예요?"

"잘 보렴. 종이들에 찍힌 글자를 잘 관찰해 봐. 이것이 오늘 수업할 내용이란다."

글자는 진샘이가 전단지에서 봤던 것과 비슷했다. 컴퓨터로 인쇄한 것 같지 않고 모양이 특이한 글자들이었다. 경진이는 종이를 대충 훑어보다가 도저히 모르겠다는 듯 손사래를 쳤다.

"한쪽 글자는 배열이 비뚤고 한쪽은 가지런해요."

그러자 장영실 아저씨가 손뼉을 쳤다.

"빙고! 경진이가 맞혔다."

승욱이가 의자를 바짝 당겨 앉으며 물었다.

"경진이가 뭘 맞혔는데요?"

장영실 아저씨는 두 종이를 나란히 놓고 손가락으로 하나씩 짚었다.

"이 두 글자는 찍어 낸 활자가 다르단다. 여기 이 '장'이라는 글자를 보렴."

두 종이에는 모두 아저씨의 이름인 '장영실'이 쓰여 있었다. 처음 종이에 있는 '장'은 약간 비뚤어져서 그 옆 글자인 '영'과 나란하지 않았지만, 두 번째 종이에 있는 '장'은 '영'과 나란했다.

"활자가 뭐예요?"

보영이가 물었다. 장영실 아저씨는 껄껄 너털웃음을 웃으며 선반에서 커다란 판을 두 개 꺼냈다. 각 판에는 작은 글자들이 하나씩 박혀 있었다.

보영이가 손을 들었다.

"저기, 아저씨! 글자들은 왜 반대 방향이에요?"

진샘이와 승욱이, 경진이는 보영이의 말에 활자를 유심히 쳐다봤다. 정말 글자들이 거울에 비친 것처럼 반대로 놓여 있었다.

"도장 같아요, 맞죠?"

경진이 말에 모두들 고개를 끄덕였다. 도장이라는 단어가 금방 떠오르지 않아 답답했던 진샘이도 세차게 고개를 끄덕였다.

"맞아. 도장 같지? 이걸로 인쇄를 한단다. 이 글자는 활판 인쇄를 할 때 쓰는 활자야. 이 활자들은 구리와 주석 등을 섞어서 만들었어. 활판은 이것처럼 활자들을 하나씩 짜 맞춰서 찍을 수 있게 만든 판이란다."

경진이가 활판에 박힌 활자 하나를 집어 들었다. 판에 고정된 것 같았던 활자가 분리되자 승욱이와 진샘이는 입을 딱 벌렸다. 경진이도 마찬가지로 당황했다.

"활, 활자가 부서졌어요."

"하하, 원래 이렇게 나뉘어 있단다."

장영실 아저씨는 아무렇지도 않게 웃어넘겼다. 승욱이가 진샘이 쪽으로 고개를 돌렸다.

'이상하지 않아?'

승욱이는 입술을 움직여 작은 소리로 말했다.

'이상해.'

진샘이도 똑같이 입술을 벙싯거리며 대답했다.

"둘만 재밌게 속삭이지 말고 우리도 좀 끼워 줘."

장영실 아저씨가 슬쩍 둘 사이에 얼굴을 들이밀었다.

"우리끼리 할 얘기예요."

승욱이가 정색을 하며 고개를 돌렸다. 그런 승욱이를 보며 보영이가 키득거렸다. 경진이는 마땅치 않은 표정으로 고개를 조아렸다.

"아까 보여 준 두 개의 '장영실'은 이 두 판에서 인쇄된 거야. 하나는 글자가 비뚤고 하나는 가지런하지? 두 판의 어떤 차이 때문에 그렇게 인쇄됐을까?"

"그렇게 어려운 걸 저희에게 물어보시면 어떡해요? 다시 보니 활자 크기도 약간 다른 것 같아요. 이 판에 있는 건 활자가 잘 안 빠져요. 아까 건 쑥 빠졌는데."

경진이가 투덜거렸다.

진샘이와 친구들은 아저씨가 내려놓은 두 활판을 이리저리 뜯어보았다. 진샘이는 눈에 불을 켜고 활판과 활자를 살폈다. 그러다 경진이가 활자를 뺀 활판에서 활자 사이에 녹은 초처럼 메워

진 물질을 발견했다. 활자가 잘 빠지지 않았던 활판에는 활자 사이에 나무 조각이 끼워져 있었다.

"이 활판에는 나무 조각이 끼워져 있고, 저 활판에는 초 같은 게 녹아 있어요."

진샘이가 말했다.

장영실 아저씨의 표정이 환해졌다.

"맞았어. 초처럼 보이는 건 바로 밀랍이란다. 그럼 직접 인쇄해 볼까?"

승욱이가 끼어들었다

"장영실 아저씨, 정말 이 활판으로 인쇄할 수 있어요?"

"잘 봐라."

장영실 아저씨는 넓은 판에 잉크를 붓고 거기에 롤러를 굴렸다. 그러고는 잉크가 묻은 롤러로 밀랍으로 활자를 고정시킨 활판 위를 문질렀다. 그런 다음 종이 한 장을 활판 위에 올리고 손으로 슬슬 문질렀다. 떼어 낸 종이에는 글씨가 바르게 찍혀 있었다.

경진이가 막 찍어 낸 종이를 낚아챘다.

"우아, 신기하다!"

그 다음, 장영실 아저씨는 나무 조각으로 활자를 고정시킨 활판으로 글자를 찍었다.

진샘이는 아저씨가 찍어 낸 두 종이를 살폈다. 밀랍으로 활자를 고정시킨 활판에서 인쇄한 글자는 약간씩 비뚤고, 활판에 반듯하게 놓여 있던 활자도 살짝 옆으로 밀려나 있었다. 반면에 나무 조각으로 고정된 활자들은 활판에서 움직이지 않았다.

"이 나무 조각은 죽목이란다. 대나무를 얇게 잘랐지. 죽목으로 고정한 이 활판의 이름은 갑인자야. 밀랍으로 고정한 이 활판은 계미자라고 한단다. 각각 그것이 만들어진 해를 이름으로 붙였어. 계미자에서 갑인자로 발전하면서 활자 크기를 작게 만들 수 있었고 글자가 비뚤어지지 않게 인쇄할 수 있었어. 이렇게 문제점을 보완하면서 점차 새로운 인쇄 기술이 탄생한 거란다. 읽기 쉽고 보기에 좋은 글자들도 많이 생겨났지."

진샘이는 아저씨가 장황하게 늘어놓는 설명을 귀 기울여 들었다. 계미자니 갑인자니 하는 말은 이해하기 힘들었지만 나머지 말은 알아들을 수 있었다.

"하지만 아저씨, 오늘날에는 사용하지 않는 활판을 가지고 있는 이유는 뭐예요?"

진샘이가 손을 들고 물었다.

"골동품이 얼마나 값어치가 나가는지 몰라? 안 그래요, 아저씨?"

경진이가 깔깔 웃었다.

진샘이는 웃지 않고 아저씨를 똑바로 쳐다보았다. 아저씨는 빙그레 웃으며 두 손을 가슴에 얹었다.

"인쇄가 발달하기 전에는 책을 베껴 쓰거나 외워야 했어. 그러다 활판 인쇄가 발명되면서 많은 양의 책을 효율적으로 인쇄할 수 있었던 거란다. 활판은 책에서 얻을 수 있는 **지혜를 더 많은 사람들과 나누고자 한 마음으로 실현한 기술이란다.**"

진샘이는 아저씨가 한 말을 곱씹었다.

'더 많은 사람들과 나누고자 한 마음으로 실현한 기술.'

진샘이는 마음을 담는 디자인이 무엇인지 조금은 알 것 같았다.

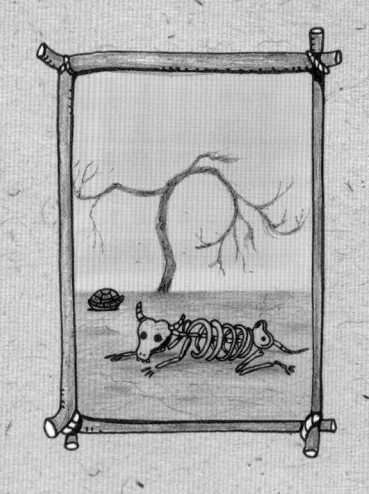

자동 물시계
• 마음이 담긴 기술과 디자인을 이용하다 •

"나한테 맡겨 놓았니? 빨간 펜 정도는 네 돈으로 사서 써."

경진이가 짜증을 냈다. 진샘이는 빨간 펜이 있으면 좀 빌려 달라고 말했을 뿐인데 경진이가 버럭 화를 냈다. 진샘이는 기가 찼다.

"무슨 말을 그렇게 하냐? 너랑 나 사이에 펜 하나 빌려 주는 게 아까워?"

"그래, 아깝다. 어쩔래?"

진샘이는 찬바람이 쌩 하고 불 정도로 돌아섰다. 펜을 달라는 것도 아니고 잠깐 빌려 쓰겠다는 건데, 진샘이는 그 말에 화를 내는 경진이가 너무하다 싶었다.

"쳇, 펜이 아니라 책 한 권 빌려 달라고 하면 날 때리겠네, 때리겠어!"

투덜거리는 진샘이에게 보영이가 속삭였다.

"조심해. 오늘 경진이 기분이 별로야. 경진이 스마트 안경에 문제가 생겼나 봐."

"뭐, 스마트 안경에?"

그러고 보니 경진이는 스마트 안경을 쓰지 않았다. 게다가 다리를 마구 떨고 있었다. 경진이는 짜증이 나고 불안하면 다리를 심하게 떠는 버릇이 있다. 오늘은 그 떨리는 정도가 어찌나 심한지 경진이의 얼굴까지 덜덜 떨렸다.

진샘이는 경진이가 자기에게 함부로 말한 것이 속상했지만 더 이상 신경 쓰지 않으려고 했다. 하지만 생각할수록 경진이가 얄미웠다.

'그깟 스마트 안경이 뭐라고. 나보다 스마트 안경이 소중하다 이거지?'

진샘이는 경진이를 힐끔힐끔 노려보았다.

"황진샘, 조금 전에 내가 낸 문제의 답이 뭐냐고?"

진샘이는 코앞까지 선생님이 다가온 줄도 모르고 있다가 자리에서 벌떡 일어났다.

"답을 말하라고 했지, 일어나라고는 안 했는데?"

진샘이는 당황했다. 뭐라도 대답을 해야 이 난관을 헤쳐 나갈 수 있을 것 같은데, 질문이 뭔지 전혀 감을 잡을 수 없었다.

그때 승욱이가 손가락을 뻗었다. 승욱이 손가락은 앞자리에 앉은 경진이의 다리를 가리키고 있었다. 경진이는 여전히 다리를 달달 떨고 있었다.

진샘이는 침을 꿀꺽 삼키고 에라 모르겠다, 하는 마음으로 떠오르는 단어를 말했다.

"진동이오."

그러자 선생님이 눈을 깜박였다. 선생님의 긴 속눈썹도 덩달아 올라갔다가 내려갔다.

"맞았어. 딴생각하면서도 다 듣고 있었나 보네."

진샘이는 가슴을 쓸어내렸다. 보영이가 진샘이를 향해 슬쩍 엄지를 올렸다.

점심시간에 진샘이는 식판을 들고 경진이의 자리로 갔다. 경진이는 여전히 다리를 덜덜 떨고 있었다. 진동이 심해서 뒷자리의 친구들은 아예 책상을 떼어 버렸고, 경진이의 짝꿍은 다른 자리로 가서 밥을 먹었다.

"웬일로 소시지를 안 먹어?"

진샘이가 묻자 경진이는 식판을 내려다보았다.

"소시지도 있었구나."

진샘이는 이렇게 넋이 나간 경진이의 모습을 처음 보았다.

"야, 송경진! 솔직히 말해 봐."

"뭘?"

"네 안경, 아니 스마트 안경이 어떻게 된 건지 말해 보라고."

"……."

"난 네 친구잖아. 무슨 일인지 알아야 도와주든지 말든지 하지. 너한테 그게 얼마나 소중한 물건인지 나도 잘 알고 있어."

경진이의 눈에서 굵은 눈물이 뚝 떨어졌다.

"너, 촌스럽게 우냐?"

"그래, 운다! 창피하게 왜 그런 걸 물어보고 그래?"

경진이는 눈물을 손등으로 쓱 닦은 뒤 가방에서 스마트 안경을 꺼냈다. 스마트 안경에 붙은 투명 막대가 전원 단추를 눌러도 반짝이지 않았다.

"왜 이래? 충전 안 했어?"

"했어. 했는데 안 돼. 나 이거 살리려고 그동안 모았던 알짜 디자이너 제품도 몇 개 팔았단 말이야. 용돈도 다음 달 것까지 미리

받아서 보탰어. 그런데 작동이 안 돼! 진샘아, 이제 난 어쩌지?"

진샘이는 한숨을 길게 쉬었다. 그러다 승욱이와 눈이 마주쳤다. 승욱이는 입 안에 음식을 가득 넣은 채 한달음에 뛰어왔다.

"경진이 스마트 안경이 고장 났어."

"스아드아겨으 인가해서."

"무슨 말이야? 입 안에 든 거나 다 씹고 말해."

진샘이의 말에 승욱이가 턱 근육을 급히 움직여 음식물을 삼켰다.

"스마트 안경은 민감해서 고장 원인을 알려면 어떤 일이 있었는지 알아야 해. 너 혹시 이거 쓰고 세수했어?"

승욱이가 경진이에게 물었다.

"야! 어떤 바보가 안경을 쓰고 세수를 하니?"

진샘이가 승욱이에게 다그쳤다.

곧 경진이의 얼굴빛이 노래졌다. 진샘이는 경진이의 어깨를 두드리며 위로했다.

"송경진, 걱정하지 말고 일단 밥이나 먹어. 그리고 이따가 장영실 아저씨한테 가서 물어보자."

"아저씨가 알까? 이거 고장 난 거 알면 우리 아빠가 엄청 화내실 거야. 제대로 관리도 못 할 거면서 왜 비싼 걸 샀냐고……."

그때 보영이가 끼어들었다.

"장영실 아저씨가 원인을 알 수도 있어. 지난번에 우리 집 컴퓨터도 고쳐 주셨거든."

경진이가 보영이의 손을 덥석 잡았다.

"아저씨가 진짜 고쳐 주실까?"

"믿어 봐."

진샘이는 경진이의 손에 젓가락을 쥐여 주었다. 경진이는 그제야 식판에 있는 소시지를 집었다.

진샘이는 수업이 끝나고 친구들과 함께 햇빛 마을로 갔다. 처음에는 낯설었던 동네 풍경이 이제는 익숙했다. 보영이가 지나가면 동네 아이들이 알은체하며 말을 걸었다. 동네 어른들은 장씨 아저씨의 수업이 있는 날이냐고 물었다. 보영이는 동네 사람들의 말에 일일이 대답하느라 걸음이 자꾸 느려졌다.

"이러다 해 떨어지겠어! 난 먼저 가 있을게!"

경진이는 마음이 급했는지 뛰기 시작했다. 진샘이와 승욱이는 보영이와 걸음을 맞추며 천천히 언덕을 올랐다.

"그러니까, 깜박 잊고 어제 이걸 쓰고 샤워를 했단 말이지?"

아저씨는 스마트 안경을 꼼꼼히 살피며 경진이에게 말했다.

"네. 음악을 듣다가 샤워를 했거든요. 그러다 아차 싶어서 벗었는데 어제는 멀쩡했어요. 그런데 오늘 아침부터 작동이 안 되는 거예요. 왜 그러는 거예요, 도대체?"

아저씨는 스마트 안경테의 테두리를 열어 그 속을 살폈다.

"이 연결 부위에 물기가 스며들어서 작동을 멈춘 것 같구나. 서비스 센터에는 가 봤니?"

"서비스 센터요?"

"그래. 이런 전자 제품을 만드는 회사에서는 따로 서비스 센터를 운영한단다. 부품이 망가졌다면 부품을 교체하면 될 텐데. 어디 보자, 이 제품의 서비스 센터가 어디에 있냐면……."

아저씨가 스마트폰을 꺼내 뭉툭한 손가락을 재빠르게 두드렸다. 낡은 집에서 살면서 옛날 기구들과 활자를 만지는 아저씨가 스마트폰을 사용하는 모습이 어색했다. 진샘이가 먼저 키득키득 웃었고 승욱이가 뒤따라 웃었다.

"너희들 스마트폰 처음 보냐?"

"흠흠, 아녜요. 계속하세요."

승욱이는 웃음을 참느라 얼굴이 빨개졌고 진샘이는 두 손으로 입을 막았다. 그래도 웃음이 손가락 사이로 새어 나왔다.

"큭큭, 윽, 큭!"

승욱이와 진샘이가 웃음을 참느라 애를 먹는 동안 아저씨는 얼굴빛 하나 바뀌지 않고 계속 스마트폰으로 검색을 했다.

"찾았다! 경진아, 여기로 가 보렴."

장영실 아저씨가 지도에서 서비스 센터 위치를 보여 주자 경진이는 고개를 절레절레 흔들었다.

"아저씨가 고쳐 주실 수 없어요? 만약 수리비가 든다면 저는 끝장이에요. 이번 달에는 돈을 다 썼거든요!"

장영실 아저씨가 스마트폰을 탁자에 내려놓고 경진이를 마주보았다.

"나는 모든 기계를 만능으로 다루는 사람은 아니야. 그건 서비스 센터에 맡기고 오늘 수업을 시작하자."

아저씨는 한쪽 벽에 있는 커다란 기구를 가리켰다. 그 기구에서 뭔가 굴러가는 소리가 났다.

"도르르 탁!"

한 번만 나는 소리인가 싶더니 한참 뒤에 다시 똑같은 소리가 났다.

"이게 뭐예요?"

"이건 자격루라는 물시계야. 저 위에 있는 가장 큰 항아리가 파수호라는 물을 담아 두는 항아리이고, 그 아래 항아리는 수수호라고 해. 파수호 밑에 뚫려 있는 작은 구멍을 통해 수수호로 물방울이 떨어지고, 수수호의 수면이 높아지면 수수호에 꽂아 둔 잣대가 올라간단다. 아, 마침 시계가 울릴 때가 됐구나."

다시 도르르 탁, 하는 소리가 났다. 그리고 나무 상자 위에 있는 나무 인형이 종을 댕댕 쳤다. 그리고 난데없이 닭 인형이 튀어나와 모두를 놀라게 했다.

"지금은 유시야."

"우아, 어떻게 닭이 튀어나온 거예요?"

경진이가 물었다.

"수수호에 꽂힌 잣대가 올라가면서 작은 구슬을 건드리고, 작은 구슬이 떨어지면서 반대편의 큰 구슬을 굴려 떨어뜨린단다. 이 구슬이 떨어지면서 12개의 인형 중 하나의 팔뚝을 건드리는 거야. 그러면 그 인형이 튀어나와 종을 치는 거란다. 신기하지?

"네!"

아이들은 동시에 대답했다.

"자, 축, 인, 묘, 진, 사, 오, 미, 신, 유, 술, 해. 이렇게 하루를 열두 시간으로 나누어 시간마다 이름을 붙였단다. 지금은 유시니까 닭이 나왔고, 좀 지나 술시가 되면 개가 나오고, 그보다 더 지나면 돼지, 그 다음으로 쥐, 소, 호랑이, 토끼, 용, 뱀, 말, 양, 원숭이, 다시 닭……. 이렇게 번갈아 가면서 그 시간을 알리는 동물

인형이 튀어나와."

진샘이는 아저씨가 한 말을 새겨들었다. 아무리 생각해도 이상했다. 아저씨의 이름이 조선 시대 과학자인 장영실과 같은 것도 그랬지만, 옛날 기구들에 대해서도 잘 아는 것이 미심쩍었다. 친구들이 자격루가 작동하는 모습에 넋을 잃고 있을 때 진샘이가 아저씨에게 물었다.

"아저씨, 혹시 조선 시대에서 온 장영실이에요?"

진샘이가 망설이다 꺼낸 말에 아저씨가 당황한 듯 움찔거렸다. 그러더니 곧 크게 웃음을 터뜨렸다.

"하하하! 내, 내가 자, 장영실처럼 똑똑하다면 얼마나 좋겠니? 조선 시대 과학자 장영실은 물시계, 해시계, 활자, 천체 시계 등을 만든 사람이잖아. 장영실이 활동하기 전까지 우리나라에는 중국에서 온 커다란 시계를 사용했지. 그런데 장영실은 앙부일구라는 공중 해시계를 만들어 지나가는 백성들이 쉽게 볼 수 있게 했고 자격루를 사용해 시간을 정확하게 측정했어.

자격루의 파수호와 수수호, 12개의 잣대 그리고 톱니바퀴로 이루어진 자동 시보 장치가 정확하게 작동하려면 정교하게 각 부분을 연결해야 해. 만약 하나라도 어긋나면 시계는 울리지 않을 테니까. 그렇게 대단한 시계를 만든 과학자와 내가 같은 사람이라고? 이거 정말 영광인걸?"

장영실 아저씨는 자격루를 여기저기 매만지면서 진샘이의 눈길을 피했다.

"자격루는 조선 시대의 뛰어난 발명품 중 하나란다. 참, 경진이의 스마트 안경으로도 시간을 볼 수 있지?"

"제 스마트 안경으로는 시간도 볼 수 있고요. 메일과 일정을 확인하고 전화를 받고 사진도 찍고 동영상을 촬영하고 게임도 할 수 있어요. 그뿐만 아니라 레이저 키보드를 이용해 정보를 검색하는 것도 가능해요."

경진이가 눈빛을 반짝이며 자기 스마트 안경에 어떤 기능이 있는지 줄줄이 이야기했다.

"대단하구나. 그렇게 기능이 많은 시계이니 에너지가 많이 필요하겠네. 그렇지?"

"에너지요? 그냥 충전해서 쓰는 거예요."

"충전은 어떻게 해? 전기?"

"네. 충전기가 있어요."

장영실 아저씨는 고개를 크게 끄덕였다.

"그럼 전기가 없는 곳에서는 스마트 안경을 사용하지 못하겠구나."

경진이가 아저씨 옆으로 바짝 다가갔다.

"맞아요. 충전이 안 되면 못 쓰죠. 그런 단점이 있었네요."

"맞다. 자격루를 작동시키려면 물이 꼭 필요하고 앙부일구는 햇빛이 필요해. 스마트 안경은 전기가 없으면 안 되겠지? 각 기계에 꼭 필요한 에너지가 무엇인지 한 번씩 살펴봐야 해. 이걸 보여 주마."

아저씨가 천장에 붙은 줄을 잡아당겼다. 줄이 팽팽해지면서 롤스크린이 펼쳐졌다. 롤스크린에는 세계 지도가 그려져 있었다.

"지구촌에는 전기가 들어오지 않는 곳도 있고, 물이 부족한 곳도 있고, 먹을거리가 부족한 곳도 있단다. 심지어는 사람들이 오염된 물을 먹는 곳도 있어. 햇볕이 잘 들지 않아서 빨래가 잘 마

르지 않는 곳도 있어."

아저씨가 손에 쥔 작은 리모컨을 움직일 때마다 지도에 붉은 점들이 나타났다 사라졌다. 어떤 나라는 온통 붉었다.

"이 지역은 나라 전체가 물이 부족한 곳이야."

"우리나라는 부족한 것이 없나 봐요."

보영이가 손가락으로 우리나라를 짚었다.

"지금은 그렇지. 하지만 모든 것은 변한단다. 우리나라도 점점 물이 오염된 곳이 늘어나고 있어. 아직 괜찮다고 물을 마구 쓰면 조만간 붉은색으로 변할 거야. 또한 우리나라가 아직 붉은색으로 표시되지 않았지만 우리나라의 모든 사람들이 자원을 풍족하게 사용하지는 못한다는 것을 꼭 기억하렴."

아저씨의 말에 진샘이는 지도를 찬찬히 훑어보았다. 이렇게 지도를 보며 어떤 나라에 무슨 어려움이 있는지를 확인하는 것은 처음이었다.

"아저씨, 그럼 붉은 점을 어떻게 써야 없애야 하는 걸까요?"

진샘이가 물었다.

"지난 시간에 이야기한, 많은 사람들과 나누고자 하는 **마음이 담긴 기술과 디자인을 이용하면 기적이 일어난단다.** 다음 시간에는 이러한 적정 기술로 만들어진 제품들을 직접 보여 줄게. 오늘 수업은 여기에서 끝!"

승욱이가 손을 번쩍 들었다.

"아저씨, 지금 생각난 건데요. 지난번에 보여 주신 식품 건조기에 스마트 안경을 놓으면 어떨까요? 습기가 찼으니 말리면 되잖아요."

축 처져 있던 경진이가 눈을 번쩍 떴다.

"맞다, 아저씨! 건조기에 한 번 말려 봐요!"

장영실 아저씨가 손사래를 쳤다.

"온도를 제대로 맞추는 게 어려울 텐데. 너무 뜨거우면 오히려 스마트 안경이 더 망가질 거야."

"그럼 다른 방법이 없을까요? 네?

보영이가 걱정하는 눈빛으로 아저씨에게 매달렸다.

"너희가 한 번 방법을 알아내 보렴. 여럿이 머리를 맞대면 풀리지 않는 문제가 없단다."

장영실 아저씨의 말에 진샘이와 친구들은 스마트 안경을 탁자에 올려놓고 둥글게 앉았다. 얼마 지나지 않아 진샘이가 양손을 마주쳤다.

"아저씨! 아저씨가 주신 제 스마트폰 줄 말이에요. 그 줄이 잘 늘어나고 줄어들잖아요. 게다가 잘 끊어지지도 않고요. 그 줄로 안경다리를 감은 뒤 스마트 안경을 건조기 위에 올리면 안 될까요? 온도가 높아져도 열을 덜 흡수할 것 같아요."

승욱이가 덧붙였다.

"그리고 온도가 너무 높지 않게 밑에 흰 천을 까는 거예요."

아저씨가 빙그레 웃었다.

"그렇게 해 볼까? 정말 그래도 괜찮겠니, 경진아?"

경진이가 고개를 끄덕였다.

"친구들을 한 번 믿어 볼래요."

장영실 아저씨가 양미간을 찌푸리며 잠시 생각에 잠겼다가 입을 열었다.

"그렇다면 한 번 해 보자!"

장영실 아저씨는 스마트 안경의 다리에 가느다란 줄을 친친 감았다. 그리고 식품 건조기 위에 흰 천을 깔았다. 그러더니 자격루에서 들리는 소리를 귀 기울여 듣다가 아이들에게 말했다.

"시간이 너무 늦었으니, 너희들은 이만 집으로 돌아가거라. 스마트 안경은 너희들이 알려 준 방법으로 내가 한 번 고쳐 보마. 그럼, 다음 수업 시간에 보자!"

친구들과 함께
• 무엇이 부족한지 관찰하다 •

"경진이는 아직 안 왔어? 스마트 안경이 고쳐졌는지 궁금해서 제일 먼저 왔을 줄 알았는데."

진샘이가 먼저 발명 만물상에 도착한 승욱이와 보영이에게 물었다.

"그런데 어디에서 째깍째깍 소리가 나지 않니?"

보영이가 귀에 손을 갖다 대고 말했다. 진샘이와 승욱이도 소리에 집중했다.

"시계보다 느리지만 소리가 규칙적으로 들려."

승욱이가 진샘이보다 먼저 그 소리를 들었다. 진샘이는 초조하게 소리가 나는 곳을 찾았다. 그러다 세 아이들은 한꺼번에 한 곳으로 고개를 돌렸다.

째깍째깍, 아주 작은 소리가 혼천의 옆에 바투 붙은 상자에서 흘러나왔다.

"자격루처럼 혼천의도 물로 작동되나 봐. 저 안에 수도꼭지가 있었거든."

진샘이의 말에 승욱이가 깜짝 놀랐다.

"정말? 난 그냥 나무 상자만 봤는데. 진샘이 너 눈썰미가 대단하다."

승욱이는 정답을 맞힌 것처럼 호들갑을 떨었다.

그때 장영실 아저씨와 경진이가 컨테이너 안에서 나왔다. 경진이가 씩 웃으며 스마트 안경의 안경테를 만지작거렸다.

"어? 경진이 와 있었어? 안경 고쳤어?"

"어떻게 된 거야?"

스마트 안경의 투명한 막대에서는 다시 빛이 반짝거렸다.

"우아, 아저씨 정말 고친 거예요?"

"난 아무것도 안 했다! 너희들이 다 했지. 이것 보렴, 여럿이 머리를 맞대면 풀리지 않는 문제가 없다고 했잖니? 허허! 사실은 너희들 몰래 서비스 센터에 가서 고치려고 했는데 충전을 하고 전원을 켜자 불이 들어오더라고. 자연스럽게 물기가 마르면서 기계가 살아난 것 같구나."

"와!"

아이들은 마주보며 활짝 웃었다.

"오늘 수업 시간에는 적정 기술로 만든 제품을 살펴볼 거야."

아저씨는 떡볶이 국물이 묻은 이쑤시개를 쪽쪽 빨며 컨테이너로 들어갔다. 그런 다음 커다란 플라스틱 통을 들고 나왔다. 플라스틱 통 위에는 폭신한 뚜껑이, 통 아래에는 발판이 붙어 있었다. 뚜껑 아래쪽에는 통을 들어서 옮길 수 있는 손잡이가 있었다.

"웬 의자예요?"

승욱이가 마루에서 내려와서 플라스틱 통 위에 앉았다.

"아! 무지 편해요. 어, 이 발판! 올라갔다 내려갔다 하네요!"

"그렇지? 또 특별한 점은 못 느꼈어?"

장영실 아저씨가 승욱이에게 물었다.

어느새 진샘이와 다른 친구들도 통 근처로 모여들었다.

"이상하게 생겼네. 쓰레기통은 아닌 것 같고, 이게 뭐예요?

보영이가 아래쪽으로 난 대롱을 만지작거렸다. 대롱 끝에는 마개가 달려 있었다.

"이 안에서 물이 돌아가는 소리가 나요."

진샘이의 말에 승욱이는 통 위에서 내려와 아래쪽에 귀를 갖다 댔다. 그러다 더 이상 못 참겠다는 듯이 뚜껑을 열었다. 통 안에는 물과 거품이 섞여 있었고 옷가지도 몇 개 들어 있었다.

"이게 뭐예요?"

"페루에서 쓰는 기라도라란다. 물도 없고 전기도 없는 곳에서 쓰는 세탁기야. 여기에 빨래를 넣고 발판을 돌리면서 수다를 떨다 보면 어느새 빨래가 완성되지."

경진이가 기라도라 안에 코를 박고 들여다보았다.

"진짜 전기 없이 움직이는 세탁기예요?"

"그래. 페루는 물이 부족한 나라거든. 미국에서 적정 기술을 연구하는 과학자들이 만들어서 보급했지."

진샘이는 침을 꿀꺽 삼켰다. 맨드래니가 디자인한 비싼 티셔츠보다 이 세탁기가 더 마음에 들었다. 물이 부족하고 전기도 없는 곳에서는 비싼 티셔츠보다 이 세탁기가 더 필요할 것 같았다.

"이런 게 착한 디자인이에요?"

진샘이의 질문에 아저씨가 손뼉을 쳤다.

"맞았다. 나도 적정 기술에 대해 공부하다 보니 별의별 물건들이 다 있더라. 자, 물이 부족한 곳에서 또 어떤 제품이 쓰이는지 볼까?"

아저씨가 스마트폰을 꾹꾹 눌렀다. 그러자 화면에 나무토막을 정교하게 결합시켜 만든 건축물이 나타났다.

"나무는 아니고……. 이게 뭐예요?"

보영이가 고개를 갸우뚱거렸다.

"이건 와카워터란다. 물이 부족하고 일교차가 엄청 심한 아프리카의 특성을 이용해 만든 제품이야. 갑자기 가을에 날씨가 추워지면 나뭇잎에 어떤 일이 일어나지? 탐구 과제다. 5분 줄 테니 생각해 보렴."

진샘이와 친구들은 마당을 뱅뱅 돌았다. 진샘이는 커다란 감나무 아래에서 잎을 뚫어져라 보았고, 승욱이는 배롱나무를 끌어안

앗다. 경진이는 땅에 핀 들꽃들을 살폈고, 보영이는 나무로 만든 평상을 손으로 훑었다.
 "물!"
 보영이가 먼저 외쳤다.

"서리!"

진샘이도 뒤이어 소리쳤다.

"갑자기 기온이 떨어지면 나뭇잎에 물방울이 맺혀요!"

승욱이가 아저씨에게 뛰어갔다.

"이슬이 크게 맺힐 거예요. 그렇죠?"

경진이도 큰 소리로 말했다.

"모두 맞혔다. 대단하구나. 물이 부족한 아프리카의 마을에 이 와카워터를 세워 두면 물을 쉽게 얻을 수 있단다. 그 어떠한 에너지를 사용하지 않고도 하루에 약 100리터 가량의 식수를 만들어 낼 수 있어."

진샘이는 홀린 듯 와카워터를 바라보았다.

"이러한 아이디어 제품이 많이 발명된다면 지구촌 사람들이 모두 행복해질 수 있을 거야."

아저씨의 말에 진샘이의 얼굴이 붉게 달아올랐다. 경진이도 마찬가지였다. 승욱이는 고개를 여러 번 끄덕였고 보영이는 해사하게 웃었다.

"정말 대단해요. 저도 이런 걸 만들 수 있을까요?"

경진이가 물었다.

"그럼. 많은 사람들과 이로움을 나눌 마음만 있다면 가능하지!"

진샘이는 잠시 생각에 잠겼다. 착한 기술과 착한 디자인은 먼 곳에 있는 것이 아니라는 생각이 들었다. 어떤 곳에서든 주위에 무엇이 부족한지 관심을 가지고 꾸준히 관찰한다면 그 문제를 해결할 방법을 찾을 수 있을 것 같았다.

그날 수업은 평상에서 각자 생각하는 제품들을 그리고 마쳤다. 보영이는 버려진 현수막을 활용한 가방을 그렸고, 승욱이는 태양빛을 모아서 냉각 장치로 변환하는 특별한 냉장고를 그렸고, 경진이는 안 쓰는 우산 천으로 만든 우비를 그렸다.

진샘이는 지금까지 자신이 추구했던 디자인과는 전혀 다른 제품을 그렸다.

"어, 이게 뭐냐, 진샘아?"

장영실 아저씨가 물었다.

"태양열 모터로 움직이는 세발자전거예요."

"혹시, 내 자전거니?"

"맞아요. 태양열 모터를 달면 오르막길도 쉽게 오를 수 있어요. 집열판들은 되도록 작게 만들어서 다른 부품들과 부딪치지 않게 설계했어요."

장영실 아저씨가 눈빛을 반짝였다.

"이거 내가 당장 만들어 봐야겠다."

그러자 승욱이가 발끈했다.

"아저씨, 제 것도 만들어 주세요!"

경진이와 보영이도 자기 것을 봐 달라며 종이를 흔들었다.

"알았다, 알았어."

마당에 활기가 넘쳤다. 진샘이는 그 활기를 온몸으로 느꼈다.

'사람들을 행복하게 하는 물건을 만드는 행복한 디자이너가 될 거야.'

진샘이의 가슴이 그 어느 때보다 쿵쿵 뛰었다.

조선의 발명왕
장영실은 어떤 사람일까?

환경 정책 박사 과정 이경선

1. 장영실의 생애

 노비의 신분으로 궁궐의 기술자가 되다

조선 세종이 왕이었던 시기에 장영실은 원나라 사람인 아버지와 관가의 기녀인 어머니 사이에서 태어났어요. 당시 조선의 신분 제도에 따라 천민인 관기가 아들을 낳으면 노비가 되었기 때문에, 장영실도 현재 부산 지역인 동래현의 공노비인 관노가 되었어요. 관노는 관아의 온갖 잡일을 도맡아 하는 사람이었어요. 장영실은 관노였지만 물건을 만드는 기술이 뛰어났고, 이를 태종에게 인정받아 궁궐의 기술자로 일할 수 있었어요. 도천법이라는 제도 덕분이었어요.

궁궐에 들어온 장영실은 꾸준히 실력을 쌓았고 세종 시대에 꽃을 피웠어요. 세종은 한글을 만들고 수많은 과학자들을 양성한 왕이지요.

세종이 즉위하고 얼마 후인 1421년(세종 3년), 장영실은 천문학자인 윤사웅, 최천구와 함께 중국의 천문 기구를 배우러 중국으로 유학을 떠났어요. 장영실은 명나라에 가 천문 관측 시설을 보고 관련 서적 등을 수집한 뒤 다음 해인 1422년(세종 4년)에 귀국했어요. 세종은 이를 바탕으로 왕립 천문대를 만들기 위한 기구를 설치하고 본격적으로 조선만의 천문 기구를 만들기 위한 사업을 시작했어요. 1423년(세종 5년), 장영실은 지금까지의 공을 인정받아 상의원 별좌에 임명되어 노비 신분을 벗어나게 되었답니다.

조선 최고의 기술자가 되다

장영실은 궁궐에서 세종의 명을 받아 천문 기구 제작을 위한 사업에 참여하면서 물시계인 자격루와 옥루를 만들었어요.

1434년(세종 16년)에 발명된 자격루는 조선의 표준 시계였어요. 오늘날처럼 시계가 널리 보급되지 않았던 조선 시대에 표준 시계는 매우 중요한 역할을 했어요. 새벽을 알리는 종소리에 성문이 열리며 백성들의 일상이 시작되었고, 초저녁을 알리는 종소리에 성문이 닫히고 백성들의 통행이 금지되었어요. 시계는 관청 업무의 시작과 휴식 시간을 알려 주고, 식사 시간을 알려 주는 데에 매우 중요했어요. 원래 사용하던 물시계는 사람이 눈금을 보고 시간을 알려 줘야 했기 때문에 제때 시간을 알리지 못할 수도 있었어요. 그래서 세종은 장영실에게 자동으로 시간을 알려 주는 자동 시보 시계를 만들도록 명했어요.

장영실이 발명한 자격루는 자동 시보 시계로, 알람 시간이 되면 자동으로 종, 북, 징이 울려 시간을 알렸어요. 자격루는 물을 흘려보내는 그릇 4개와 물받이 그릇 2개, 잣대 12개, 구슬, 톱니바퀴로 이루어진 정교한 장치였어요. 물을 흘려보내는 그릇에서 물받이 그릇으로 물이 흘러가면 부력 때문에 물받이 그릇에 있는 잣대가 올라갔어요. 이 잣대가 일정한 높이가 되어 작은 구슬을 건드리면 작은 구슬이 굴러가 큰 구슬을 굴러가게 하고, 큰 구슬은 종을 치는 인형을 움직여 자동으로 종, 북, 징소리가 울리게 하여 시간을 알릴 수 있었어요.

장영실은 자격루에 만족하지 않고 1438년(세종 20년)에 옥루를 만들었어요. 옥루는 물레바퀴를 이용한 자동 물시계로 제시간이 되면 스스로 북과 징을 쳐서 시간을 알렸어요. 옥루는 금으로 만든 태양이 실제 태양의 고도와 해지는 시간에 맞추어 떴다가 지고, 옥으로 만든 선녀인 옥녀와 12지신 인형이 시간을 알리도록 설계되었어요. 자동으로 시간을 알려 주는, 매우 아름다운 시계였다고 해요.

　또한 조선 최고의 천문 관측대인 간의대를 비롯하여 여러 가지 천문 기구를 개발하는 사업에도 참여했어요. 그 대표적인 발명품은 해시계인 앙부일구예요. 앙부일구는 종로와 종묘에 설치된 공중 시계였어요. 반구형 대접 모양의 해시계에는 절기를 나타내는 계절선과 시각을 나타내는 시각선이 새겨져 있어요. 해가 뜨고 지면서 생기는 그림자를 이용해 시각선으로 시각을 알 수 있고, 해의 고도를 보고 절기를 확인할 수 있었어요. 또한 휴대용 해시계인 천평일구, 천체의 운행과 그 위치를 측정하는 혼천의와 간의, 개량 금속활자인 갑인자의 제작에 참여했어요. 이후 장영실은 공을 인정받아 정3품관 상호군이라는 높은 관직에까

지 올랐어요.

1442년(세종 24)에 장영실은 세종이 탈 가마를 만드는 일을 감독했어요. 하지만 세종이 가마에 타기도 전에 가마는 부서졌고, 이로 인해 장영실을 비롯한 참가자들은 불경죄로 관직에서 파면되고 곤장도 맞았어요. 이후 장영실에 관한 기록은 역사 속에서 사라졌습니다.

2. 장영실의 삶에서 배울 점

　장영실이 살았던 조선 시대는 농경 사회로, 각 시기에 맞추어 해야 할 농사일을 알려 주는 24절기가 매우 중요했어요. 24절기는 태양의 위치를 24개로 나눈 것으로, 각 절기에 따른 강수량, 일조량, 기온 등을 참고하여 농사를 지었어요.

　예를 들어 우수는 얼음이 녹아 물이 되는 시기고, 대서는 가장 더운 시기를 뜻해요. 입추는 가을의 시작이고 대설은 눈이 가장 많이 내리는 시기, 대한은 가장 추운 때를 뜻해요. 이러한 24절기에 따라 농민들은 농사를 준비하고, 씨를 뿌리고, 추수를 했어요. 따라서 정확한 절기를 아는 것은 농사를 짓는 데 매우 중요했어요. 장영실이 발명한 여러 기구들은 절기를 정확히 나타냈기 때문에 관청은 각 절기마다 해야 할 일을 백성에게 알려 줄 수 있었어요.

　장영실이 발명한 발명품으로 인해 백성들이 더 나은 삶을 살 수 있게 되었어요. 이러한 면에서 장영실의 발명품은 오늘날의 적정 기술과 통하는 면이 있어요. 오늘날 지구 반대편에는 아직도 많은 사람들이 전기가 없고, 깨끗한 물도 없는 곳에서 살고 있거든요. 그런 사람들을 위해 현지의 재료를 이용하여 간단한 방법으로 삶의 질을 향상시키는 기술들이 많이 개발되고 있고, 이를 '적정 기술'이라고 해요.

　예를 들어 더러운 물을 필터로 정화해서 바로 마실 수 있게 하는 빨대형 정수기나 전기를 사용하지 않고도 낮은 온도를 유지할 수 있는 항아리형 냉장고, 손쉽게 물을 끌어올릴 수 있는 펌프, 쉽게 물을 이동시킬 수 있는 바퀴형 양동이 등이 적정 기술로 만든 물건이에요.

장영실이 발명한 해시계와 물시계도 사실 완전히 새로운 것은 아니었어요. 해시계나 물시계는 이미 기원전 이집트에서 사용한 기록이 있을 만큼 오랜 역사를 가지고 있어요. 하지만 장영실은 이 해시계와 물시계를 어떻게 하면 조선의 백성들이 더 쉽고 간단하게 이용할 수 있을지를 연구하고 새로운 발명품으로 개발했어요. 이처럼 이웃들의 삶의 질을 향상시킬 방법을 고민하고 연구한 장영실의 모습은 오늘날 과학 기술을 공부하는 사람들에게도 큰 가르침을 줘요.

장영실의 삶에서 또 하나 배울 점은 동료들과 함께 협력했다는 점이에요. 장영실 혼자서 뚝딱 발명한 것처럼 알려져 있는 대부분의 발명품은 그 당시에 장영실이 많은 동료들과 함께 만든 거예요. 또한 백성들을 위한 많은 발명품을 만들어 성과를 낼 수 있었던 이유는 그 당시의 임금이었던 세종의 힘 덕분이기도 했어요.

세종은 조선에 맞는 천문 기구를 제작하기 위해 여러 가지 사업을 추진했어요. 세종은 중국의 역법이 아닌 우리만의 역법 체계를 만들려고 했고, 과학자 이순지는 《칠정산 내외편》을 통해 조선 고유의 역법 이론을 세웠어요. 또한 과학 기술자였던 이천은 혼천의, 앙부일구 등 천체 관측 기구의 제작을 주도했고, 갑인자라는 금속활자도 개발했으며 화포 등 무기의 개발에도 관여했어요. 장영실은 이천이 주도한

금속활자 개발 사업과 천체 관측 기구 개발에 참여했어요.

장영실은 이천, 이순지, 김돈, 김조와 같은 당시의 여러 과학 기술자들과 함께 일하면서 여러 새로운 발명품을 개발할 수 있었어요. 이처럼 동료들과 협력하는 모습은 오늘날 과학 기술자들의 삶과도 일치해요. 점점 고도화되고 전문화되는 오늘날의 과학 기술계에서는 천재적인 한 개인의 아이디어가 대단한 발명으로 이어지기는 힘들어요. 따라서 비슷한 분야 혹은 다른 분야의 지식을 모은 공동 연구가 활발하게 이루어지고 있어요.

노벨상 수상에 공동 수상자가 많은 것도 이러한 이유 때문이지요. 적정 기술을 개발할 때도 마찬가지예요. 혼자서 새로운 발명을 하는 것이 아니라, 팀으로 함께 일하는 사람들이 서로 다른 아이디어를 내고 평가하고 조합하면서 더 나은 아이디어를 만들기도 하고, 또 전혀 다른 새로운 분야의 전문가와 함께 일하면서 지금까지 발견하지 못한 다른 부분에 대해서 생각해 보기도 해요.

장영실이 이루어 낸 업적은 위대하지만, 이것은 결코 혼자 이루어 낸 것이 아니에요. 과학 기술을 중시했던 세종 시기의 분위기와 새로운 기술 개발을 위한 여러 지원이 있던 배경 속에서 동료들과 서로 협력하면서 이루어 낸 것임을 기억하세요.

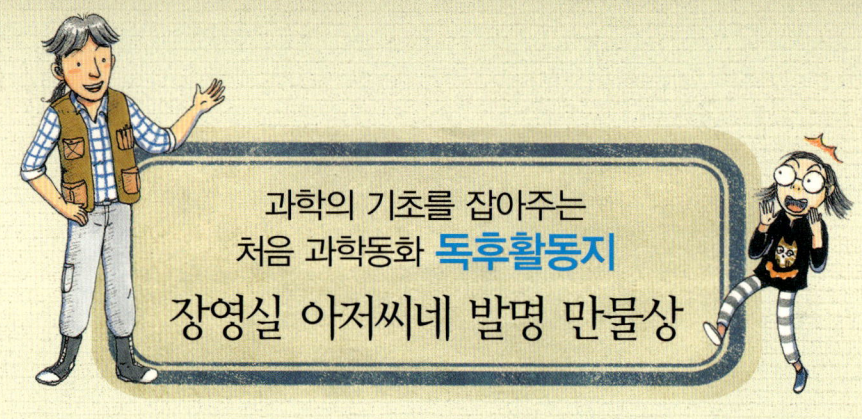

구성 강승임 이을교육연구소 소장

과학의 기초를 잡아주는 처음 과학동화 **독후활동지**,
과학 학습에 어떤 도움이 될까?

〈처음 과학동화〉 시리즈는 과학 분야를 대표하는 위인들이 등장하여 그들이 연구한 과학적 지식을 재미있게 풀어 나가는 형식으로 꾸며져 있습니다. 동화를 재미있게 읽고 나서 독후활동지를 한 문제 한 문제 풀어 가다 보면 과학 위인들의 대표 이론을 다시 한 번 되새기고 과학적 탐구심을 충족시킬 수 있을 것입니다. 또한 비판적인 글쓰기를 통해 자신의 생각을 올바르게 표현하는 방법도 익힐 수 있습니다.

〈과학의 기초를 잡아주는 처음 과학동화 독후활동지〉는
이렇게 구성돼요.

I. 과학 기초 지식 쌓기 동화 내용의 이해

동화 각 장의 소제목이기도 한 장영실의 교훈을 점검해 보고, 동화 속에서 그 내용이 어떻게 적용되었는지 적어 보면서 과학 기초 지식을 쌓습니다.

II. 과학 창의력 기르기 이해와 비판

동화를 통해 익힌 과학적 지식을 친구들과 토론해 보고 글로 써 보며 생각을 넓히고, 동화 속에서 느낀 점을 자신의 경험과 맞물려 표현하는 능력을 키웁니다.

III. 과학자 연구 – 장영실

부록의 내용을 바탕으로 장영실의 삶을 이해하고, 장영실의 삶에서 받은 교훈이 현대 사회에 어떤 도움이 되는지 적어 보며 논리적 사고를 키웁니다.

학부모 및 교사용 도움말

교과연계	〈4학년 1학기 국어❹〉 9. 생각을 나누어요
	서로 다른 의견을 비교하며 자신의 생각과 느낌을 이야기할 수 있다.
	〈5학년 1학기 국어㉮〉 1. 인물의 말과 행동
	생각의 근거를 마련하는 방법을 익혀 찬성하거나 반대하는 글을 쓸 수 있다.
	〈5학년 2학기 과학〉 1. 날씨와 우리 생활
	알고 있는 과학 지식을 바탕으로 글을 쓸 수 있다.
	〈6학년 2학기 과학〉 3. 계절의 변화
	알고 있는 과학 지식을 바탕으로 글을 쓸 수 있다.

1. 과학 기초 지식 쌓기 동화 내용의 이해

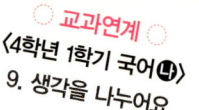

《장영실 아저씨네 발명 만물상》 본문에는 각 장마다 어린이 여러분께 전하고자 하는 장영실의 교훈을 소제목으로도 적어 두었어요. 동화 내용을 다시 한 번 떠올려 보며 아래 질문들에 답해 보세요. 적는 동안 자연스럽게 어린이 여러분 마음속에도 과학적 지식이 차곡차곡 쌓일 거예요.

1. 디자인에 대한 진샘이와 보영이의 생각은 어떻게 달랐나요?

교과연계
〈5학년 2학기 과학〉
1. 날씨와 우리 생활

2. 혼천의는 어떤 기구인가요? 장영실이 말한 '하늘이 품은 비밀'을 밝혀낸다는 말은 무슨 뜻인가요?

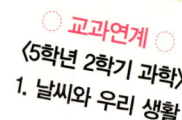

3. 장영실 아저씨는 앙부일구를 왜 둥근 모양으로 디자인했다고 했나요? 이를 통해 디자인과 기술의 관계에 대해 생각해 보세요.

___

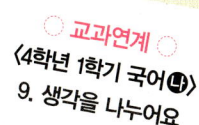

4. 장영실 아저씨는 왜 착한 기술이나 착한 디자인을 하고 싶다고 말했나요?

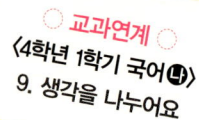

5. 활판 인쇄술의 발달에는 어떤 마음이 담겨 있나요?

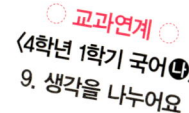

6. 물건을 아껴 써야 하는 이유를 지구촌의 관점에서 말해 보세요.

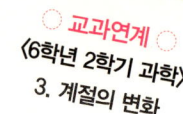

7. 기라도라와 와카워터는 어떤 쓰임과 의미가 있는 발명품들인가요?

II. 과학 창의력 기르기 이해와 비판

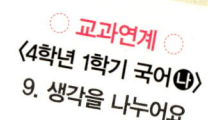

앞에서 살펴본 동화 내용을 바탕으로 사고를 확장시켜 볼 거예요. 아래 문제들을 친구들과
함께 토론해 보세요. 나와는 다른 다양한 입장과 해결 방안이 있다는 걸 깨닫게 될 거예요. 또한
동화를 읽고 느낀 점을 자신의 경험과 연결하여 글로 써 보세요. 나를 더 잘 표현할 수 있는 좋은 연습이 될 거예요.

【과학 창의 토론】

1. 기술의 발달은 인간의 삶에 어떤 영향을 끼친다고 생각하나요? 긍정적인 영향과 부정적인 영향으로 나누어 토론해 보세요.

> · 기술의 발달은 인간의 삶을 더욱 편리하고 풍요롭게 해 준다.
> · 기술의 발달은 인간의 삶을 더욱 복잡하고 의존적으로 만든다.

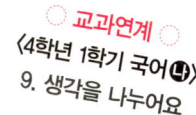

2. 다음 물건들은 모두 시간을 나타내는 시계입니다. 어느 시계가 최고의 발명품이라고 생각하는지 토론해 보세요.

- 앙부일구
- 자격루
- 전자시계

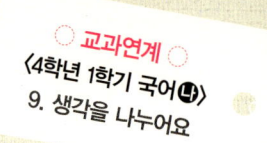

【과학 창의 논술】

1. 장영실 아저씨는 많은 사람에게 혜택을 줄 수 있는 기술이 들어간 디자인을 착한 디자인이라고 말합니다. 내가 생각하는 착한 디자인은 어떤 것인지 예를 들어 써 보세요.

_____
_____
_____
_____
_____
_____
_____
_____
_____
_____
_____
_____
_____
_____

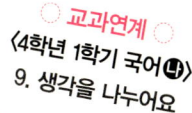

2. 많은 사람들을 행복하게 하고 이롭게 하는 발명 아이디어를 떠올려 보고 다음 계획서를 작성해 보세요.

· 발명품 이름 :

· 발명 동기 및 목적 :

· 발명품 디자인

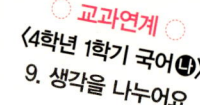

· 발명품 소개 및 사용법 :

· 특징 및 주의할 점 :

III. 과학자 연구 – 장영실

동화를 읽고 '장영실 아저씨는 어떤 분일까?' 하는 궁금증이 생겼나요? 이제 부록에 소개된 장영실 아저씨의 삶과 사상을 복습해 볼 거예요. 부록을 꼼꼼히 읽고 문제를 풀어 보세요.

교과연계
〈5학년 1학기 국어 ㉠〉
1. 인물의 말과 행동

1. 장영실은 어떻게 해서 노비 신분에서 벗어나게 되었나요?

_____
_____
_____
_____
_____
_____
_____
_____

2. 장영실이 발명한 자격루와 옥루 등의 시계는 사람들의 생활에 어떤 영향을 끼쳤는지 판단해 보세요.

_____
_____
_____
_____
_____
_____
_____
_____

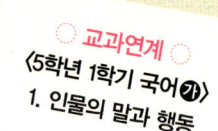

3. 장영실은 어떤 일로 관직을 잃고 궁궐에서 쫓겨나게 되었나요?

4. 장영실이 발명한 발명품들은 어떤 면에서 적정 기술이라고 할 수 있나요?

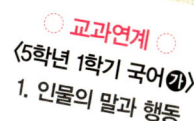

5. 장영실이 뛰어난 발명품들을 많이 발명할 수 있었던 비결은 무엇이라고 생각하는지 말해 보세요.

학부모 및 교사용 도움말

I. 과학 기초 지식 쌓기 동화 내용의 이해

1. 진샘이는 눈에 확 들어오고 자신감을 높여 주는 것이 좋은 디자인이라고 생각했다. 반면 보영이는 단순히 눈으로 보이는 것뿐만 아니라 보이지 않는 것까지 담은 것이 멋진 디자인이라고 했다. 예를 들어 하늘처럼 말이다. 하늘은 낮에 보면 해와 구름밖에 안 보이지만 그 너머에 별도 있고 달고 있다. 보영이의 생각은 장영실 아저씨에게 영향을 받은 것이다. (참고: 2장에서는 디자인에 대한 두 아이의 생각이 좀 더 구체화되어 나타난다. 진샘이는 비싸고 화려한 디자인이 좋은 디자인이라고 생각하고, 보영이는 화려하진 않지만 편리하고 따뜻한 기술이 들어간 디자인이 좋은 디자인이고 착한 디자인이라고 말한다.)

2. 혼천의는 천체의 움직임과 그 위치를 측정하는 기구이다. 천체란 별뿐만 아니라 태양, 행성, 위성, 혜성, 소행성, 항성, 성단, 성운, 운석 등 우주 공간에 떠 있는 온갖 물체를 통틀어 일컫는다. 혼천의를 통해 해를 중심으로 천체의 위치를 측정하게 되면 때와 시기를 알 수 있다. 따라서 하늘을 천체라고 했을 때, 하늘이 품은 비밀은 바로 시간이다. 혼천의로 하늘을 측정함으로써 그 위치 관계가 알려 주는 시간을 알 수 있다. 장영실 아저씨는 혼천의의 고리들을 움직여 태양의 위치에 맞춘 뒤 그날이 청명임을 보여 주었다.

3. 앙부일구는 해의 그림자로 시간을 알아내는 일종의 해시계이다. 가마솥처럼 가운데가 둥글게 움푹 파여 있고 표면에 시간을 나타내는 눈금이 새겨져 있다. 시계 침의 그림자가 가리키는 눈금이 그 시간을 나타낸다. 이런 모양으로 제작한 이유는 시간의 오차를 줄이기 위해서이다. 장영실 아저씨는 해와 지구의 둥근 모양을 관찰하고 그 모양을 따서 앙부일구를 디자인하게 되었다고 한다. 그러면서 자연을 잘 살피고 그 모습을 물건으로 옮기는 것이 디자인의 역할이며, 디자인을 잘 드러내는 데 기술이 필요하다고 덧붙인다. 이렇게 디자인과 기술은 떼려야 뗄 수 없는 관계이다.

4. 세상에는 비싼 디자인을 살 수 있는 사람이 몇 안 되기 때문이다. 착한 기술, 착한 디자인의 제품은 값이 싸면서도 실용적이라 많은 사람들이 살 수 있다. 그러면 비싼 디자인의 제품보다 훨씬 많이 팔릴 것이고 그 효과 또한 클 것이다. 이는 곧 인간의 삶 자체를 좀 더 편리하게 만들 수 있다는 뜻이다. 예를 들어 이태리 수건은 기술과 디자인이 결합된 대표적인 제품으로 값이 싸지만 많은 사람들이 생필품으로 애용한다.

5. 인쇄 기술이 발달하기 전에는 책을 베껴 쓰거나 외워야 했다. 그래서 대부분의 사람들은 책을 접하는 것조차 힘들었고, 당연히 책 속의 지식과 지혜를 얻지도 못했다. 그러다 활판 인쇄를 하면서 많은 책을 만들 수 있었고, 활자 제작 기술도 발달하면서 글자를 보기 좋게 깔끔하고 가지런하게 인쇄할 수 있게 되었다. 이렇게 활판 인쇄술의 발전에는 사람들이 좀 더 책을 접하고 지식을 얻어 행복해지기를 바라는 마음이 담겨 있다. 이는 곧 책에서 얻을 수 있는 지혜를 다른 사람들과 나누는 마음이다.

6. 지구를 한 동네로 보면 서로 연결되지 않은 지역이 없다. 내가 사는 지역에서 어떤 자원이나 물건이 풍족하다고 펑펑 쓰면 다른 지역에 사는 사람들은 부족해진다. 예를 들어 전기를 펑펑 쓸 수 있는 지역이 있는가 하면 전기가 없는 지역도 있다. 그런데 현재 전기를 만드는 석유와 같은 에너지원은 한정적이기 때문에 전기가 남는다고 마구 써서는 안 된다. 그러면 전기가 없는 나라는 전기를 이용하는 어떤 제품도 사용할 수 없기 때문이다. 이처럼 지구의 자원과 만들어지는 물건은, 지구촌이라는 전체적인 관점에서 보았을 때 한정적이다. 따라서 남는 지역은 아껴 쓰고 모자라는 지역은 제대로 쓸 수 있도록 재배치가 필요하다.

7. 기라도라는 물이 별로 없고 전기도 없는 곳에서 쓸 수 있는 세탁기이다. 빨래를 넣고 발판을 돌리면 된다. 페루처럼 물이 부족한 나라에 사는 사람들이 싸고 간편하게 이용할 수 있다. 한편 와카워터는 아프리카처럼 먹을 물이 부족한 나라에서 이용할 수 있는 발명품이다. 기온 차에 의해 와카워터에 물방울이 맺히게 되면 그것을 모아 물로 쓴다. 기라도라와 와카워터는 모두 착한 기술과 착한 디자인의 물건들이다. 많은 가난한 사람들이 값싸고 간편하게 이용할 수 있기 때문이다.

II. 과학 창의력 기르기 이해와 비판

【과학 창의 토론】

1. **긍정적인 영향**: 기술의 발달은 인간의 삶을 더욱 편리하고 풍요롭게 해 준다. 세탁기의 발명은 빨래를 하는 수고로움을 덜게 해 주었고, 전화의 발명은 멀리 있는 사람에게도 쉽게 소식을 전할 수 있게 해 주었다. 그리고 컴퓨터와 인터넷의 발명은 일과 놀이, 다른 사람들과의 교류를 더욱 활발하게 해 주었다.

부정적인 영향: 기술의 발달은 인간의 삶을 더욱 복잡하고 의존적으로 만든다. 예를 들어 전구의 발명은 어두운 밤에도 일을 하게 만들었다. 전구가 발명되지 않았다면 사람들은 해가 지면 하루 일을 마치고 잠이 들었을 것이다. 그런데 전구가 발명되어 밤에도 환하게 생활할 수 있어서 할 일이 더 많아졌고 그에 따라 사람들의 생활도 복잡해졌다. 그리고 사람들은 도구 없이는 어떤 일도 스스로 하기 어려워하게 되었다. 스마트폰 같은 경우에는 의존을 넘어 중독된 사람들도 많다.

2. 먼저 장단점을 생각해 보도록 한다. 앙부일구는 절기를 알게 해 주어 농사지을 때나 고기 잡을 때를 알려 준다. 하지만 해시계이기 때문에 날씨가 궂으면 이용할 수 없다. 자격루는 한 치의 오차도 없이 정확한 시각을 알려 주고 물이 규칙적으로 떨어지는 원리를 이용하여 만들어졌기 때문에 날씨가 궂을 때도 사용할 수 있다는 장점이 있다. 하지만 크기가 커서 휴대가 불가능하다. 전자시계는 휴대가 가능하고 시각을 좀 더 세분화하여 알려 준다는 장점이 있지만, 배터리를 사용해야 하고 시각이 너무 세분화되다 보니 시간에 쫓겨 마음의 여유를 잃을 수 있다. 이와 같이 각각의 특성을 견주어 보고 최고의 시계를 선정한 뒤 선정 기준을 말해 본다.

【과학 창의 논술】

1. 장영실 아저씨가 말한 착한 디자인은 화려하고 독특한 디자인이 아니라 많은 사람에게 혜택을 줄 수 있는 기술이 들어간 디자인이다. 그렇다면 모두가 편하고 친근하게 이용할 수 있는 모양과 색깔의 디자인이 착한 디자인일 수 있다. 그러나 요즘은 개성 시대인 만큼 너무 평범하면 오히려 사람들이 관심을 갖지 않을 수 있다. 그러면 아무리 좋은 기술을 담은 디자인이라 하더라도 사람들이 사용하지 않을 것이다. 그 기술의 특성을 잘 담고 있으면서도 다른 물건과 구별되는 개성이 담겨 있어야 사람들이 관심을 가질 것이다. 꼭 최신 기술이 들어간 물건 말고도 주변의 물건들을 예로 들어 어떤 점에서 착한 디자인이라고 생각하는지 써 보도록 한다. 볼펜, 주전자, 빨대, 우산, 무선 이어폰 등 다양하게 떠올려 본다.

2. 평소 생활하면서 불편한 점이나 개선되었으면 하고 생각했던 점을 찾아 어떻게 그 문제들을 해결할 수 있는지 아이디어를 발전시켜 본다. 아니면 자주 사용하고 있는 물건 중에서 더 편리하고 안전하게 사용할 수 있는 방법들을 생각해 본다. 예를 들어 청국장을 끓일 때 냄새 때문에 불쾌한 경험이 있다면 끓이면서 냄새가 제거되는 냄비에 대해 생각해 볼 수 있을 것이다. 이때 '탈취 냄비'라는 이름을 붙일 수도 있다. 아이디어가 떠오르면 그림을 그리고 그 내용을 적어 본다.

III. 과학자 연구 – 장영실

1. 장영실은 동래현의 관노였는데, 물건을 만드는 기술이 뛰어나 태종에게 발탁되어 궁궐의 기술자로 일하게 되었다. 그러다 세종 즉위 후 명나라 유학을 다녀온 뒤 천문 기구를 만드는 일에 참여하여 공을 세우자 이를 인정받아 상의원 별좌에 임명된다. 이로써 노비 신분에서 벗어난다.

2. 장영실이 발명한 시계는 나라의 표준 및 공중시계가 되어 백성들의 삶에 큰 영향을 끼쳤다. 성문이 열리고 닫히는 시간을 알려 주어 백성들이 제때에 하루를 시작하고 마칠 수 있게 해 주었고, 관청 업무의 시작과 휴식 시간, 식사 시간 등도 알려 주었다. 그리고 앙부일구 같은 해시계는 절기도 알려 주어 농사짓는 시기를 적절하게 맞출 수 있었다.

3. 1442년(세종 24)에 장영실은 세종이 탈 가마 만드는 일을 감독했다. 하지만 세종이 가마에 타기도 전에 가마는 부서졌고, 이에 따라 장영실을 비롯한 참가자들은 불경죄로 관직에서 파면되고 곤장도 맞았다. 이후 장영실에 관한 기록은 역사 속에서 사라졌다.

4. 적정 기술이란 조금 더 간단한 방법으로 사람들의 삶을 개선하는 기술이다. 장영실이 발명한 시계들은 완전히 새로운 것은 아니었다. 아주 오래 전부터 사람들은 해시계나 물시계를 만들어 사용했다. 하지만 장영실이 만든 시계는 백성들이 좀 더 쉽고 간단하게 이용할 수 있었으며, 생활과 농사일에 많은 도움을 주었다. 이처럼 당시 백성들의 삶의 질을 향상시켰다는 점에서 적정 기술이라고 할 수 있다.

5. 장영실은 많은 발명품들을 만들어 조선의 과학 발전에 큰 기여를 했다. 이는 장영실 개인의 재능과 노력에 기인하기도 하지만, 세종의 전폭적인 지원과 주변 과학자들과의 협력 덕분이기도 했다. 세종은 모든 과학 기술 사업을 결정하고 추진함으로써 연구의 토대를 마련해 주었고, 동료 과학자들은 서로 아이디어와 지식을 주고받으며 좀 더 실용적이고 완벽하고 기술을 개발할 수 있도록 해 주었다.

과학의 기초를 잡아주는 처음 과학동화 ❸
장영실 아저씨네 발명 만물상

1판 1쇄 발행 | 2016. 1. 25.
1판 6쇄 발행 | 2018. 1. 26.

김하은 글 | 소윤경 그림 | 이경선 감수

발행처 김영사
발행인 고세규
편집 김효성 디자인 김민혜
등록번호 제 406-2003-036호
등록일자 1979. 5. 17.
주소 경기도 파주시 문발로 197(우10881)
전화 마케팅부 031-955-3102 편집부 031-955-3113~20
팩스 031-955-3111

© 2015 김하은, 소윤경
이 책의 저작권은 저자에게 있습니다. 저자와 출판사의 허락 없이 내용의 일부를 인용하거나
발췌하는 것을 금합니다.

값은 표지에 있습니다.
ISBN 978-89-349-7329-4 74810
ISBN 978-89-349-7119-1(세트)

좋은 독자가 좋은 책을 만듭니다. 김영사는 독자 여러분의 의견에 항상 귀 기울이고 있습니다.
독자의견전화 031-955-3139 | 전자우편 book@gimmyoung.com | 홈페이지 www.gimmyoungjr.com
어린이들의 책놀이터 cafe.naver.com/gimmyoungjr | 드림365 cafe.naver.com/dreem365

이 도서의 국립중앙도서관 출판시도서목록(CIP)은 서지정보유통지원시스템 홈페이지(http://seoji.nl.go.kr)와
국가자료공동목록시스템(http://www.nl.go.kr/kolisnet)에서 이용하실 수 있습니다.
(CIP제어번호 : CIP2016001489)

어린이제품 안전특별법에 의한 표시사항
제품명 도서 제조년월일 2018년 1월 26일 제조사명 김영사 주소 10881 경기도 파주시 문발로 197
전화번호 031-955-3100 제조국명 대한민국 ⚠주의 책 모서리에 찍히거나 책장에 베이지 않게 조심하세요.